AF364320

Ensayo imparcial sobre el gobierno del rey don Fernando VII

Alejandro Oliván

Barcelona **2024**

Linkgua-ediciones.com

Créditos

Título original: Ensayo imparcial sobre el gobierno del rey don Fernando VII.

© 2024, Red ediciones S.L.

e-mail: info@linkgua.com

Diseño de cubierta: Michel Mallard.

ISBN rústica: 978-84-9007-549-4.
ISBN ebook: 978-84-9007-547-0.

Sumario

Introducción

Uno de los puntos que más interesan en la actualidad, no solo a la España sino a la Europa entera, es el examinar a la luz de la razón los actos de gobierno ejercidos por Fernando VII en su borrascoso reinado, y darles su verdadero mérito y valor en justicia, porque este es el medio de apreciar el grado de confianza que puede inspirar para lo sucesivo. Libertado de las trabas que lo oprimían por la mano visible de la divina Providencia, que parece haber querido iluminar su espíritu y fortalecerlo con el temple de la adversidad, vuelve el deseado Fernando a empuñar las riendas del estado en circunstancias más difíciles y apuradas que nunca, si bien es cierto que puede contar con la cooperación de sus pueblos, y con el apoyo de los respetables monarcas europeos unidos para sostener los principios tutelares del orden social.

Por desgracia es tanto lo que dentro y fuera del reino se ha dicho y escrito ciegamente contra el gobierno del rey Fernando, y tan poco lo que se ha contestado, que ha llegado a extraviarse la opinión de un modo asombroso hasta en los mismos gabinetes, porque son muy escasos los que tienen criterio para oír con cautela y juzgar con imparcialidad, especialmente cuando escasean los datos para formar juicio acertado.

La facilidad con que la malicia recibe las especies denigrativas, y la prevención con que escucha las más justas defensas que atribuye ordinariamente a parcialidad y adulación, hacen muy desventajosa la posición del que se presenta en la arena y levanta su voz para hacer resonar el eco de la verdad y la justicia contra el torrente de las pasiones. No faltará por lo mismo quien me atribuya miras mezquinas y tortuosas al escribir este papel pero la rectitud de mis intenciones me tranquiliza, y confío en que la aprobación de los hombres juiciosos e ilustrados me indemnizará de los tiros de los díscolos e incorregibles. Después de haber tocado los perjuicios inmensos que ha ocasionado a la causa de la humanidad el prurito de las innovaciones intempestivas, y visto que la anarquía es el mayor de los males que pueden afligir a una nación, no queda más partido que cegar el abismo de las revoluciones, y buscar en nuestras antiguas instituciones monárquicas un abrigo, a cuya sombra bienhechora crezca y se consolide el bienestar y la libertad verdadera de los pueblos. La desecha borrasca que acabamos de correr debe hacernos cautos para lo venidero, y no hay Español que no esté interesado en dar consistencia a un orden de cosas, que le prometa paz, concordia y prosperidad. ¿Acaso está condenada la generación actual en el seno de la civilización y las luces, a no disfrutar un momento de sosiego, a no comer sino el pan de la amargura, a no gozar de los beneficios sociales?... Tales consideraciones me han movido a tomar la pluma; no me anima ninguna otra mira ni interés. No sé si acertaré a desempeñar el importantísimo objeto que me he propuesto en este ensayo; materia es digna de ser tratada por ingenios más claros, y con mayor detenimiento y abundancia de materiales; pero no por eso dejaré de dar el primer paso en una senda tan poco trillada, pues considero la ocasión actual como la más oportuna para producir algún efecto. Si el empeño es difícil y superior a mis fuerzas, su mucho interés e importancia me animan a emprenderlo, en la confianza de que hay obras, que es mérito solo el intentarlas. Si las observaciones que doy a luz contribuyen en alguna manera a fijar la opinión sobre la índole del gobierno español y a reunir en rededor del trono los esfuerzos de todos los hombres de bien, que olvidando partidos y resentimientos aspiran a la publica unión y felicidad, habré logrado el fin que me he propuesto: mi corto trabajo se verá superabundantemente recompensado.

Es muy difícil escribir la historia de un rey mientras que manda, y mucho más el analizar y criticar los actos de su reinado; porque se necesita mucha rectitud e independencia de ánimo para remontarse a una altura en que sin torcer la verdad, se dé a cada cosa su justo mérito y valor. De ahí es que los escritos que se traslucen dictados por el espíritu de partido, no suelen producir el convencimiento por fundados que parezcan, pues siempre se recela algún lazo oculto por falta de buena fe: la franqueza de mis observaciones y el carácter de verdad que haré reinar en ellas, acreditarán mi anhelo de conservar siempre en su fiel la balanza; si lo he conseguido, o si ha sido una ilusión mía, lo decidirá el tiempo. Tampoco es fácil recoger el suficiente número de datos para calificar acertadamente las operaciones de un gobierno, porque éste obra en virtud de planes particulares, en razón de noticias reservadas y de una multitud de circunstancias que no están al alcance de los observadores. Por eso es muy común en todos los gobiernos y se ve diariamente en los representativos, censurar amargamente algunas operaciones, que sometidas después al examen público con todos los antecedentes e incidencias, merecen la aprobación aun de los mismos censores porque no las habían mirado sino bajo un punto de vista, y aun éste al través del espíritu de partido. Pero estos inconvenientes van disminuyendo a medida que se alejan los sucesos y se someten a la jurisdicción de la historia, porque acalladas las pasiones del momento, y despojados los hechos de las circunstancias accidentales que los desfiguran, dan lugar a ser examinados con exactitud, y a ser pesados con madura reflexión y sano juicio. Los acaecimientos políticos se presentan como las figuras de la linterna mágica, que al acercarse al espectador disminuyendo la distancia focal, crecen extraordinariamente de tamaño y lo deslumbran, al paso que alejándose disminuyen de dimensiones y aparecen con más claridad y con los contornos perfectamente delineados. Cabalmente es tal la importancia de los sucesos ocurridos durante el reinado de Fernando, las revoluciones, las grandes crisis, y tanta la rapidez con que se han sucedido, que podemos ya considerarlas a larga distancia de nosotros, y hacer una especie de incursión en el dominio de la posteridad, siendo bien cierto que hemos vivido más en treinta años que nuestros abuelos en ciento. Bajo este concepto procederé con franqueza a manifestar una opinión libre e imparcial sobre los acontecimientos más interesantes, sin faltar a la delicadeza y consideraciones que nunca pueden olvidar los que se estiman en algo. Procuraré al hablar de los Príncipes huir de dos extremos peligrosos: la adulación y la desenvoltura. La primera deslumbra a los reyes, los adormece al borde del precipicio y viene a ser la carcoma de los tronos. La segunda es también muy perjudicial, porque como escribió el célebre Saavedra Fajardo «decir verdades, más para descubrir el mal gobierno que para que se enmiende, es una libertad que parece advertimiento y es murmuración: parece celo y es malicia.»[1]

No es mi propósito escribir la historia de uno de los reinados más fecundos en sucesos extraordinarios que recordarán los siglos; mi objeto es dar una idea exacta de la naturaleza y carácter de este mismo reinado, que ha vuelto a establecerse en España después de hacerse salvado en una tabla de entre las oleadas de la revolución. Tampoco intento hacer su apología, ni menos permita Dios que yo aumente la caterva de ambiciosos lisonjeros

---

1   Empresa 48.

que con su rastrero y monótono murmullo zumban de continuo los oídos de los reyes sin llenar su corazón ni su amor propio, porque ¿qué satisfacción positiva pueden producir las alabanzas de unos hombres que no saben o no pueden decir otra cosa? La imparcialidad, la independencia en el juzgar es la única que puede dar valor a los elogios de las acciones humanas: este es el punto a donde he procurado remontar mi espíritu y concentrar mi entendimiento; y si la convicción me lleva a impugnar algunas opiniones arraigadas entre muchos Españoles y extranjeros en disfavor del gobierno de Fernando, será presentando mis razones, aduciendo las pruebas competentes, y apelando en todo caso al criterio del público ilustrado, que nunca equivoca sus juicios cuando se le subministran datos.

Bueno será observar de paso que no hay gobierno alguno, cuyos actos estén todos libres de censura, porque es de hombres el errar; pero en cambio de eso, nada es más fácil que amontonar acusaciones contra los que mandan, al paso que es sumamente difícil dar consejos acertados, y plantear con éxito estos consejos. En medio de los infinitos ejemplos que de esta verdad pudieran citarse, tenemos a la vista uno muy reciente y mareado: los que en seis años no cesaron de clamar contra el gobierno de Fernando y darle lecciones con la mayor presunción, acaban de hallarse al frente de los negocios, y son tales los absurdos y desaciertos que han cometido, que han concluido por hundirse para siempre en el desprecio y la ignominia. Para la ciencia del gobierno no bastan los libros, ni es lo mismo ver los asuntos desde un gabinete particular, que verlos en su centro, al lado del trono. Este ejemplar entre otros muchos, debe hacernos circunspectos en el juzgar, sin proceder de ligero a decidir contra el gobierno de un príncipe, cuyas acciones siempre exageradas en uno y otro sentido por sus amigos y enemigos, no han sido pesadas todavía en la balanza de la justicia, y cuyas providencias han tenido que luchar con todo género de obstáculos y contratiempos.

Para mejor calificar los hechos, es preciso colocarse en el verdadero terreno en que han sucedido, es decir que deben retrasarse los cuadros de las tres épocas de Fernando, en 1808, en 1814, y en 1820; y como sería árido e infructuoso el estudio de lo pasado si no se sacasen de él lecciones provechosas para lo presente y futuro, trataré de deducir de aquellas épocas las consecuencias más naturales y oportunas para la de 1824. Procuraré hacerme cargo de los actos más notables de este reinado, especialmente de los que han sido denigrados por diferentes escritores mal llamados liberales; y sin descender a prolijos detalles incompatibles con la naturaleza de este escrito, tomaré en consideración cuanto conduzca a fijar una opinión exacta sobre materias de tanto interés. Algunas veces he soltado la pluma al considerar la dificultad y delicadeza de esta empresa; pero siempre me alienta lo grandioso y útil de su objeto: las gentes que piensan apreciarán mis esfuerzos, y el rey Fernando se dignará escuchar benignamente el lenguaje de la verdad, porque la historia de lo pasado es el espejo de lo venidero. ¡Plague a Dios que no me vea frustrado en mis esperanzas!

Primera época

La dinastía de Borbón se ha distinguido en España por la dulzura y energía de su gobierno, y a ella se debe el haber mitigado en menos de un siglo las llagas de los desastrosísimos reinados de la casa de Austria y de los estragos de la guerra de sucesión; el haber fomentado las ciencias, el comercio y las artes dando un impulso ventajoso a todos los ramos del estado; de modo que la nación española se había levantado de su abatimiento volviendo a figurar ventajosamente en la Europa, cuando en el último reinado se apoderó de las riendas del gobierno un valido, que ha causado gran parte de nuestros males. El gobierno templado pero firme de Carlos III había sacado partido de las riquezas recogidas por el pacífico Fernando VI, y aquel gran rey que hizo respetar el pabellón español en ambos mares, comenzó a reducir a sus justos límites la influencia del clero y las pretensiones de la corte de Roma, y a preparar otras reformas que reclamaban las luces del siglo y el estado de los pueblos. Arrastrado por el curso de los sucesos y a pesar de haberse propuesto conservar una perfecta neutralidad, se vio al fin comprometido a tomar parte en la lucha de las provincias inglesas de América contra su metrópoli, sin que pudiese prever que llegaría tiempo en que los ingleses tomasen algún desquite, y que los mismos angloamericanos coadyuvasen a arrancar a su nieto el dominio de la mejor y más principal parte de aquel vasto continente. A vueltas de aquellas ocurrencias asomaron en España las ideas liberales, empezó a propagarse el espíritu de ilustración y tolerancia, y se multiplicaron los establecimientos destinados a las ciencias y la civilización. La nación iba floreciendo en todos ramos, y si aquel gobierno hubiese continuado, habría sin duda alguna completado su obra llevando a cabo las reformas útiles, y adelantándose a las nuevas necesidades creadas por las nuevas luces. Los pueblos que nada saben, nada necesitan; y Carlos III conocía que aumentando la ilustración de los españoles, sería preciso con el tiempo mejorar en lo posible su condición política y civil. Pero el favorito que abusó de la bondad de Carlos IV hizo variar enteramente el aspecto de las cosas: para subir con más desembarazo, humilló y persiguió a los hombres de mérito eminente, y para que no diesen en rostro sus vicios, contribuyó a la desmoralización de la corte, cuyo ejemplo fatal trascendió con rapidez a las provincias.

Desde muy antiguo han sido mal mirados los privados por los españoles, quienes tanto como aman a sus reyes, odian el mando supremo en otras manos. Cuando los reyes abandonan enteramente por efecto de la indolencia o debilidad el cuidado de los negocios en personas elegidas por el capricho y la intriga, sin virtudes ni talentos, que opriman como padrastros a los pueblos y hagan alarde de su no merecida autoridad, rara vez dejan los validos de tener un fin desastroso o verse agobiados por las maldiciones públicas, porque tarde o temprano el rey y la nación despiertan de su letargo. En Castilla tenemos los ejemplares de don Lope de Haro en tiempo del rey don Sancho IV; del conde de Trastamara don Alvar Núñez de Osorio en el de don Alonso onceno; don Álvaro de Luna y Hernán Alonso de Robles en el de don Juan II; don Juan Pacheco, marqués de Villena, en el de don Enrique IV; el duque de Lerma en el de Felipe III; el conde duque de Olivares en el de Felipe IV; el padre Nithard, don Fernando Valenzuela, don Juan de Austria, y el duque de Medinacelli en la minoría y reinado de Carlos II; la princesa de los Ursinos en el de Felipe V, y don Manuel de Godoy en el de Carlos IV. Los privados procuran chupar la sangre de los pueblos y enriquecerse en poco tiempo, porque conocen que es efímero su mando, a diferencia de los reyes que saben que a sus hijos ha de pasar el gobierno en el buen o mal estado en que ellos lo dejaren. Así es que las páginas oscuras de la historia de Castilla están llenas en su casi totalidad con los hechos de los validos y las regencias. El desgobierno del favorito de Carlos IV llegó a desquiciar la máquina del estado; los vicios de una corte corrompida habían refluido a los puntos más remotos, la moral pública se había relajado, el crédito del gobierno se había comprometido aumentando extraordinariamente la deuda pública, los recursos se habían agotado para atender a la gravosa alianza contraída con la Francia por el tratado de Basilea, el comercio se había arruinado con doce años de una desventajosa guerra marítima, y finalmente el ejército se hallaba en países extranjeros, parte en Dinamarca y parte en Portugal. La opinión pública estaba dividida, las ideas liberales habían cundido con velocidad, y el conquistador Bonaparte contaba numerosos partidarios entre los españoles, unos deslumbrados por sus victorias, y otros esperanzados en las reformas que de él se prometían, contribuyendo la desunión de los ánimos a enflaquecer todavía las cortas fuerzas y recursos de la monarquía.

En tan crítico estado subió Fernando VII al trono en marzo de 1808 por renuncia de su augusto Padre, cansado y disgustado de las fatigas del gobierno. Nada diré de la protesta que se arrancó a este respetable anciano poco después de su abdicación, porque fue efecto de manejos extraños: también pasaré en silencio las anteriores ocurrencias de la ruidosa causa del Escorial, y la justificación que de ella resultó en favor de la conducta del príncipe. Todos estos sucesos los recogerá y calificará cuidadosamente la historia, pero no hacen a mi propósito. El nuevo rey al tomar el mando supremo, acabó de granjearse por su afabilidad y moderación el afecto público, predispuesto ya a su favor en razón de las persecuciones que había sufrido, y del odio que generalmente se profesaba al favorito que acababa de caer. Su educación había sido esmerada, y su entendimiento cultivado con los elementos de las ciencias necesarias para gobernar una nación grande; pero viéndose rodeado desde la niñez de espías y enemigos, llego a contraer cierta suspicacia y desconfianza, que después han formado parte habitual de su carácter.[2] Adornado además con brillantes calidades exteriores, se atrajo los aplausos de la multitud, y con sus acertadas providencias hizo renacer la esperanza de sus fieles vasallos. Pero esta halagüeña perspectiva se disipó como el humo por los enredos de intrigantes falaces, y por la perfidia de un monarca vecino. Este aventurero colocado por una revolución en el trono de Luis XIV, se deslumbró desde la altura a que había subido, y desdeñando el camino glorioso que hasta entonces lo había hecho admirar de propios y extraños, se

---

2   Es muy común por desgracia en los palacios fiar la educación de los príncipes a personas apocadas y mezquinas, que incapaces de elevarse a la majestad y grandeza de alma de sus augustos discípulos, se dedican a hacerlos descender hasta igualarlos con su poquedad y pobreza. Lejos de sembrar y desarrollar en sus tiernos corazones virtudes sublimes, pensamientos elevados y heroicos, procuran sofocar tan nobles semillas, y torcer sus buenas disposiciones. La probidad en los maestros es indispensable, pero no es suficiente: el que se atreva a educar a un rey, ha de ser capaz por sí de llevar el manto y la diadema.

También es esencialísimo explicar a los príncipes sus obligaciones recíprocas con los pueblos de un modo sencillo e inteligible: inspirarles una piedad sólida e ilustrada, inculcarles el más profundo respeto a las leyes y un amor inalterable a la justicia; en lo cual estriban las bases del buen gobierno. Ni bastan preceptos abstractos; es indispensable hacer aplicaciones facilitando el paso de la teórica a la práctica, no solo con ejemplos sacados del antiguo testamento y de un gobierno teocrático, sino también con los de las naciones modernas y de los gobiernos contemporáneos. Pero ¿dónde se encuentra otro Fenelón?

entregó en su desvanecimiento a la más insensata ambición, hasta que cayó precipitado de la cumbre del poder, a la nada de que había salido. ¡Grandiosa lección para los hombres de que es más fácil llegar hasta el poder, que saberlo conservar! El primer paso hacia su ruina fue la felonía que en abril de 1808 usó con el joven Fernando, pues aquí empezaron a eslabonarse sus reveses. Esta sola consideración bastaría para dar interés a las ocurrencias de Bayona, si no hubiese otra más importante para nosotros, cual es la de haber sido puesta en duda la conducta del rey Fernando en aquella ocasión, y aun haber sido zaherida y acriminada por escritores enemigos suyos, deduciendo consecuencias muy trascendentales, Pretenden que Femando abandonó voluntariamente a la nación perdiendo en su consecuencia todo derecho a la corona, y quieren hacerse un mérito de que las Cortes reunidas en la isla de León lo declararon espontáneamente rey en setiembre de 1810, cuando pudieron haber escogido otro, o adoptado otra forma diferente de gobierno.

Es indudable que uno de los casos en que un rey pierde el derecho a la corona según opinión conforme de los publicistas, es aquel en que abandona enteramente sus funciones, o sujeta su pueblo al dominio de una potencia extranjera, porque se sigue una verdadera disolución del gobierno y de la sociedad; pero no debe perderse de vista que la culpabilidad del monarca en tales circunstancias depende de la voluntad libre y espontánea con que se haya conducido, pues sería un absurdo por ejemplo, aplicar aquella doctrina a uno que fuese hecho prisionero de guerra en una batalla y cayese en poder del vencedor. En tal caso aunque se imposibilita de ejercer sus funciones, no pierde ninguna parte de sus derechos, porque su entrega no ha sido voluntaria, sino ocasionada por una fuerza superior e irresistible, cuando empuñaba la espada en defensa de sus pueblos o para ensanchar el poder y la gloria del estado. Lo mismo se entiende si el rey fuese arrebatado insidiosamente, o si hallándose en país extranjero, se apoderase otro de su persona con violación del derecho de gentes. Un examen sencillo e imparcial de la conducta observada por Fernando VII en abril y mayo de 1808, nos hará ver en cuál de estos casos debe ser comprendido.

El príncipe Fernando a quien la divina providencia había hecho nacer con derecho a heredar la corona de España sin elección suya, no pudo escoger tampoco la época en que había de empezar a reinar, ni la situación política en que había de encontrar el reino. Desgraciadamente entre otros desaciertos del gobierno anterior, se contaba la onerosísima alianza contraída en 1796 con la Francia como para colmo de los males que afligían a la nación: temeroso el gabinete español de ver asomar en las cumbres del pirineo las banderas victoriosas que habían tremolado sobre el capitolio, y recorrida toda la Italia, había comprado a costa de mil sacrificios una paz más costosa que la misma guerra. Los tesoros, los ejércitos, las escuadras, todo se puso a disposición de Bonaparte; hasta que al fin este conquistador ambicioso, creyendo fácil posesionarse de la península en 1807, introdujo en ella sus tropas a pretexto de ocupar el Portugal y hacer la guerra a los Ingleses, apoderándose de las principales y más importantes plazas de la monarquía. Cuarenta mil hombres de su ejército rodeaban a Madrid cuando Fernando subió al trono; y poco esfuerzo se necesita para comprender que los mismos lo habrían compelido por la fuerza a emprender el viaje de Bayona, si se hubiese negado a él absolutamente; Esta consideración es por sí sola de la mayor importancia, porque demuestra que el rey no era realmente arbitro de su voluntad; pero desenvolvamos la cuestión bajo todos aspectos.

La salida del rey hacia la frontera era un paso natural de cortesía y atención debido al jefe de la Francia, que anunciaba venía a visitarlo; atención que debía ser tanto más esmerada, cuanto mayores eran las fuerzas y poder de este coloso, de modo que no habría sido político ni decoroso rehusar el viaje en este caso, ni en el de conferenciar en los confines de ambos estados, como lo han verificado repetidas veces los reyes de España y Francia en la célebre isla de los faisanes. El paso material del Bidasoa y entrada en territorio francés en nada altera el estado de la cuestión, pues las mismas razones que impelieron al rey Fernando a llegar hasta Burgos o Irún, lo determinaron sin duda a pasar a Bayona. La historia antigua y moderna nos presenta a cada paso ejemplares, y en nuestros días los estamos viendo muy repetidos, de entrar y salir los monarcas en los estados de sus aliados para tener conferencias o celebrar congresos, sin que a nadie le haya ocurrido decir que abandonan por eso sus naciones respectivas, siendo evidente por otro lado que puede llegar caso de que las abandonen efectivamente sin necesidad de salir de su propio país. De aquí resulta que Fernando pudo y debió como rey salir a conferenciar con Bonaparte; como hijo debía también alguna deferencia a las intimaciones que le enviaba continuamente su augusto padre para que se pusiera en camino.

A este raciocinio ocurre la objeción de que un rey debe mirar únicamente al bien público desentendiéndose de toda otra consideración de cualquier naturaleza que sea: la proposición es cierta generalmente hablando; pero aun cuando se quisiera que Fernando prescindiese de lo justo y lo honesto al negarse al viaje, veamos si se encuentra lo útil de semejante negativa. Sus consecuencias habrían sido, primera, decaer en el concepto público, porque se habría atribuido su resistencia a un temor pueril que le hacía pensar exclusivamente en su seguridad personal, aun sin estar amenazada; segunda: se le habría hecho cargo de comprometer ciegamente a la nación entera, exponiéndola al resentimiento y venganza de un ejército extranjero apoderado de la capital y de las más importantes fortalezas; tercera: se le acusaría de haber destruido con su imprudencia las fundadas esperanzas de una terminación amistosa con Bonaparte, que estrechase la alianza entre ambas naciones; cuarta: se le culparía de haber empeorado su causa no atreviéndose a presentarse a sostener sus derechos, y entonces se habría dado más valor a la protesta del rey padre del tiempo de su abdicación... En cambio de estos inconvenientes ¿qué ventajas podía prometerse el rey Fernando con su resistencia? Ninguna absolutamente, porque el duque de Berg que estaba en realidad apoderado de su persona, lo habría compelido con la fuerza según insinué más arriba, en cuyo caso aconsejaba la prudencia que se sacase partido de lo que era necesidad, arrojándose en brazos de Bonaparte y afectando confianza para comprometer su delicadeza ya que no había otro camino. Pero aun suponiendo que el rey sustrayéndose de la vigilancia de la escolta francesa, hubiese podido evadirse con grandes riesgos y fugarse desde el camino, ¿cuáles habrían sido los resultados? Además de verse expuesto a las reconvenciones que dejo indicadas, habría caído en el desprecio de muchos de sus mismos partidarios, porque Bonaparte protestando su buena fe y sinceridad, no habría dejado de presentarlo como un joven díscolo y atolondrado; los Españoles no se habrían unido en su defensa, ni sus esfuerzos habrían pasado de los acostumbrados en una guerra ordinaria; y los Franceses habrían perseguido vivamente al fugitivo hasta apoderarse de su persona o encerrarlo en algún puerto de mar. En tal caso puede asegurarse sin recelo que la nación española habría recibido el yugo del conquistador, porque precisado el rey a trasladarse a las provincias de ultramar, según lo proyectado respecto de los reyes padres, y a ejemplo de la familia real de Portugal, el resultado habría sido la ocupación militar de la España lo mismo que se había realizado en Portugal sin resistencia. Para inflamar los ánimos de los Españoles se necesitaba una injuria como la que les hizo Bonaparte y una felonía tan atroz como la que usó con su rey: se resintió vivamente el orgullo nacional, y la idea de un príncipe tenido por modelo de perfecciones aherrojado y cautivo por un tirano extranjero, fue la chispa eléctrica que encendió simultáneamente los corazones en su defensa. La empresa de rescatar al rey y salvar la religión ofrecía cierta grandiosidad novelesca, que deslumbró la imaginación de la multitud, y decidió el pronunciamiento espontáneo y casi general contra los agresores. Los españoles se arrojaron a la lid sin recursos de ninguna especie y sin contar el número de sus enemigos: los laureles de Marengo y Austerlitz se marchitaron a impulsos del valor y patriotismo, y la Europa admirada aprendió que podían ser humilladas las legiones hasta entonces creídas invencibles. Fernando desde su prisión era un objeto que entusiasmaba de continuo los ánimos de sus vasallos en mucho mayor grado que si se hubiese presentado a su frente escapado del mismo Valencei, porque la imaginación representa siempre con más vehemencia y perfección lo que se espera, que lo que se posee. Por manera que sin el viaje de Bayona la dinastía de Borbón habría cesado para siempre en el continente; y si las acciones de los hombres hubiesen de calificarse ciegamente por los resultados, todavía sería evidente que a la conducta de Fernando y de Bonaparte en aquella ocasión se debe como primera causa, el estado de paz que felizmente reina en Europa.

Públicas son y notorias las ocurrencias de Bayona: Bonaparte recibió a Fernando con grandes demostraciones de cariño, a la manera que el tigre suele tal vez juguetear con su presa antes de devorarla. Poco tardó el joven rey en conocer la perfidia de su aliado; quiso volverse a sus estados y no se le permitió; se interceptaron los correos que enviaba al gobierno provisional que había dejado en España, hasta que se desengañó de que estaba real y efectivamente arrestado a disposición de un usurpador. Sus protestas fueron desoídas: su mal aconsejado Padre después de hablarle en términos los más ofensivos[3] le intimó que renunciase la corona. Se le hicieron las amenazas más terribles contra su persona y las de su comitiva, y se le obligó por fin a verificar la renuncia en favor de su augusto Padre, pasando enseguida a la reclusión que de antemano se le tenía preparada. Si el viaje y llegada del rey a Bayona no pudieren en justicia considerarse como un abandono de sus derechos, pues que tenían en su favor las más fuertes razones de política dictadas por la prudencia, menos lo será su renuncia arrancada evidentemente por la fuerza, en consecuencia de haber arrojado Bonaparte la máscara declarando que la familia de Borbón había cesado de reinar en España. Es de observar que la renuncia hecha por el rey Carlos IV en Aranjuez el 19 de marzo a favor de su hijo fue válida porque fue espontánea y libre, puesto que el movimiento popular soto se había dirigido a derrocar al favorito: fue arreglada a las leyes y reconocida por toda la nación. La de Fernando en Bayona no podía ser obligatoria a la nación sino en cuanto esta la consintiese, porque los pueblos no se traspasan como los rebaños a voluntad de sus pastores: solamente podría ser obligatoria al mismo Fernando si hubiese sido libre y espontánea; pero como arrancada con violencia, tampoco lo dejó obligado. El traspaso de Carlos IV a favor de Bonaparte y de este a su hermano, fueron de lo más absurdo imaginable, y como el usurpador conocía todas estas nulidades, quiso cohonestarlas por medio de una junta de españoles que reunió en Bayona, como en representación de las provincias siendo así que no tenían poderes ni misión de ellas. Así es que esta farsa lejos de autorizar la usurpación, contribuyó a ponerla en ridículo y hacerla más odiosa.

De lo expuesto resulta que no habiendo Fernando VII abandonado a su nación, no debe ser comprendido en el primer caso sentado al principio, por el cual perdería sus derechos a la corona; antes por el contrario le comprende el de haber sido arrebatado y aprisionado por un usurpador extranjero, que se valió ya del ardid, ya de la fuerza. En tales circunstancias el mismo publicista Watel[4] a quien nadie tachará seguramente de amigo del despotismo, sienta terminantemente que la nación está obligada a todo género de esfuerzos para el rescate de su soberano. Así lo comprendieron y lo practi-

---

3   Don Pedro Ceballos en su manifiesto publicado en 1808.
4   *El Derecho de gentes*, libro IV, cap. 2.

20

caron los españoles, que no podían vacilar en ocasión tan solemne cuando es innato en ellos el amor a sus reyes y el apego a sus antiguas instituciones; y la prueba más terminante de que el rey no abandonó a la nación, consiste en que ésta, lejos de creerse abandonada, no cesó de aclamar a su cautivo monarca. No solamente dio cumplimiento a las órdenes del gobierno provisional que éste había dejado, sino que no titubeó un momento en reconocer y obedecer a cuantos gobiernos particulares y generales se sucedieron en seis años, con tal que mandasen en nombre de Fernando.

Pretender, pues, que las Cortes congregadas en la isla de León pudieron haber elegido otro rey o destruido el gobierno monárquico, es una cosa fuera de razón y que carece de todo fundamento. Y aun suponiendo que se hubiesen encontrado pretextos con que apoyar semejantes novedades, ¿quién se habría atrevido a proponerlas? ¿No resonaban en todos los ángulos de la monarquía las voces de viva Fernando? ¿Se veía otra cosa más que escarapelas con su cifra o su retrato? ¿Hubo un solo español de los que defendían la independencia, que se atreviera a expresarse en diferente sentido? ¿Y que habría sido de las Cortes, si se hubiesen propasado a destronar al rey cautivo? Inmediatamente habrían sido reducidas a polvo...

Me parece haber presentado con sus verdaderos colores las primeras ocurrencias del reinado de Fernando; acaso resistirán aún la convicción que resulta de los hechos, algunos enemigos irreconciliables de los tronos, y otros entusiastas del conquistador Bonaparte, que confundiendo sus malas calidades con las buenas, quieren hacer pasar su memoria libre de toda tacha, y que en medio de la desunión que agita los ánimos especialmente en Francia, no se contentan con combatir unas doctrinas políticas con otras de distinta naturaleza, sino que se atreven imprudentemente a oponer a una familia otra familia, cuyo nombre debe pertenecer exclusivamente a la historia de lo pasado. El tiempo y los desengaños llegarán a hacerles perder las esperanzas, si no tienen bastante poder para curarles sus errores: sigamos entre tanto nuestro asunto.

Segunda época

Pasemos ya a la segunda época de Fernando que es la de 1814, donde comienza propiamente su reinado. Aquí se presenta un campo mucho más espacioso y confuso: aquí pueden encontrarse algunos desaciertos positivos, algunos errores en materia de gobierno; pero ¿qué nación ha carecido ni carece de ellos?... Para caminar con alguna seguridad por este laberinto será conveniente seguir en cuanto sea posible el hilo histórico de los sucesos, abrazando con reflexiones generales su resultado. El primer acto público del gobierno del rey en esta época fue la anulación de la Constitución de 1812 por su decreto de 4 de mayo de 1814 y disolución de las Cortes entonces congregadas: por consiguiente será bien nos ocupemos de este punto antes de entrar de lleno en el gobierno llamado de los seis años.

Los reveses que había sufrido Napoleón Bonaparte en España, en Rusia y en Sajonia, le obligaron a restituir la libertad al cautivo Fernando, creyendo vanamente sacar por este medio algún partido y poder disponer de sus tropas del mediodía, para rechazar la agresión del norte de Europa que venía coligado sobre él. Ya pisaba el ejército anglo-hispano-lusitano las márgenes del Garona, cuando el rey regresó al territorio español, donde fue recibido con inexplicables muestras de regocijo universal. Reinaba entre muchos tal persuasión de que el rey juraría a ciegas la Constitución formada en su ausencia, que las Cortes ordinarias expidieron el famoso decreto de 2 de febrero de 1814 de que resultó fijarse a S. M. el itinerario de su viaje a Madrid, y hasta la carrera que había de llevar en la capital para dirigirse a prestar en el salón de Cortes el juramento solemne, sin cuyo requisito no sería reconocido por rey. Examinemos ante todo una cuestión que puede considerarse dividida en dos, dependientes la una de la otra; ¿qué obligación tenía el rey de jurar la Constitución? ¿Con qué derecho se le exigía este juramento?

Fernando VII había sido reconocido y jurado rey en 1808 por toda la nación en los mismos términos que sus augustos antepasados: a su regreso a España fue aclamado por todas partes rey sin condiciones. Se dirá que debió mostrarse agradecido a los heroicos sacrificios que en defensa de sus derechos habían hecho los españoles durante su cautividad; cosa es muy cierta, y puede decirse que son repetidas las ocasiones en que el rey ha hecho público reconocimiento de esta deuda de gratitud, pero no era seguramente camino de complacerlos el adoptar una Constitución que ellos desdeñaban y aborrecían. Con efecto, apenas se presentó S. M. en la frontera, cayeron simultáneamente casi todas las lápidas constitucionales de la península, y al reflejo de las llamas que se levantaron desde el pirineo hasta el estrecho, se vio la opinión general decidida en contra de la Constitución de 1812. A la verdad este sistema apenas se había planteado en España, ni había podido desarrollarse como lo hizo posteriormente desde 1820 a 23: ocupados los ánimos en hacer la guerra y en reponerse de los pasados sustos y desastres, casi no habían fijado la vista en el nuevo orden de cosas, mirándolo cuando menos con cierto desdén o indiferencia. Si los españoles lo hubiesen examinado a fondo, o él se hubiese desarrollado completamente, habrían escarmentado con tiempo y de ningún modo se habrían alucinado en 1820. Por otra parte lo miraban como precario, pues tenían puestos los ojos en su Fernando, a quien consideraban como el modelo de los príncipes, y el mejor de los reyes: así es que apenas apareció en el horizonte español, lo saludaron y aclamaron como al astro bienhechor, que debía dar nueva vida a la nación. De todas partes llegaron diputaciones y representaciones, pidiéndole que desechase la Constitución formada en su ausencia, y que gobernase como padre a sus pueblos según las antiguas instituciones. Lo mismo pidieron cerca de la mitad de los diputados a Cortes; y en tal estado de cosas parece que el modo de manifestarse Fernando reconocido al ejército y al pueblo, era acceder a sus votos enérgicamente pronunciados. Ni una sola voz se levantó en toda la península en defensa de la Constitución; algunos pocos callaron, pero el silencio de estos pocos en nada disminuyó el efecto del grito general. Por manera que lejos de dejar obligados a los españoles adoptando la Constitución de 1812, habría S. M. descontentado con este sola hecho a la casi totalidad de la nación.

Un escritor ingenioso pero alucinado por el espíritu de partido, pretende que el rey Fernando fue un ingrato hacia los liberales (con sentimiento me valgo de esta voz en razón del abuso que de ella se ha hecho) por haber sido ellos únicamente los que en 1808 inflamaron la nación y fomentaron el prestigio en favor de la real persona. Para conocer la inexactitud de semejante aserción, basta recordar que todas las clases del Estado contribuyeron en aquella época al levantamiento general y simultáneo de las provincias; y si se quiere saber que clases fueron las que tomaron mayor parte en él, no hay más que observar cuales estaban más interesadas en promoverlo. Los ejércitos franceses entraron proclamando que venían a regenerar la nación, a remediar los abusos y a derribar el gobierno gótico y carcomido de la vieja España; ellos destruyeron los conventos e iglesias con escarnio del culto religioso, y recorrieron nuestras provincias haciendo alarde de las ideas licenciosas que por toda Europa habían llevado delante de sus bayonetas, pues aunque soldados de un conquistador despótico, habían hecho su aprendizaje en la escuela de la revolución. Fácil es inferir de aquí que el clero y el pueblo serían los que mayor parte tomasen en la lucha, el primero por conservar la consideración y ventajas que gozaba y veía amenazadas, y el segundo por la mayor influencia que sobre él tienen las ideas religiosas, y por la aversión que generalmente profesa a los extranjeros y a todo género de innovaciones. Cuando se trata de averiguar las causas de los sucesos, es preciso no perder de vista que el interés (tomada esta palabra en sentido lato) es el gran móvil y la llave maestra del corazón humano, y que con muy pocas excepciones es la guía más segura para no equivocar los juicios; observación que se verá confirmada en todo el curso de este escrito. No admite duda sin embargo, que por entre las miras particulares que pudieran mover a algunos, sobresalía en todos los que se pronunciaron por la independencia el sentimiento de la fiereza nacional ultrajada, y el entusiasmo por rescatar a su monarca. Muchos liberales de entonces participaron de iguales sentimientos, ¿pero cuántos no se unieron al ejército invasor donde oían proclamar algunas de sus máximas, y del cual esperaban la regeneración suspirada? A su ejemplo se decidieron algunos hombres tímidos, y no pocos sujetos apreciables fueron arrastrados en la misma dirección por el torbellino de los sucesos, y por una serie de compromisos casi invencibles en las grandes crisis, cuya fuerza no saben apreciar los que pasada la borrasca miran a la mar, sin haber estado expuestos a sus oleadas. Pudiera extenderme más, pero baste lo dicho para demostrar el ningún fundamento de la gloria que exclusivamente pretenden atribuir a su partido algunos que se llaman liberales, de haber fomentado el alzamiento de 1808, para hacerse un mérito de no haber sido por ello recompensados.

También se ha dicho que Fernando debió jurar la Constitución de 1812 porque había sido puesta en ejecución por el gobierno que la nación se había creado en su ausencia; pero este argumento es muy débil, porque el rey no tenía necesidad de seguir el ejemplo del gobierno interino que le había sustituido, sino de hacer aquello que juzgase más conveniente al bien de sus súbditos; y para probarlo, desentrañaré algún tanto la cuestión. Al salir de Madrid en 1808 con dirección a la frontera de Francia, dejó S. M. establecido un gobierno interino presidido por el señor infante don Antonio para que mandase en su nombre, el cual fue poco después deshecho por la fuerza extranjera. ¿Qué debió hacerse entonces? Nuestras leyes, no previnieron el caso extraordinario que ocurrió de encontrarse de repente el reino sin rey ni heredero de la corona, pero se debió naturalmente recurrir a lo que prescribe la ley 3.ª del título 15 de la segunda partida para el caso más análogo que se encuentra cual es el de fallecer el rey dejando al heredero de menor edad y sin haber designado sus guardadores o regentes. «Estonce (dice), débense ayuntar ahí do el rey menor fuere, todos los mayorales del reino asi como los perlados e los ricos omes, e los otros omes buenos e onrados de las villas; e desque fueren ayuntados, deben iurar todos sobre santos evangelios que caten primeramente servicio de Dios e onra e guarda del señor que han, e pro comunal de la tierra del reino; e segun esto, escojan tales omes en cuyo poder lo metan, que le guarden bien e lealmente... E estos guardadores deben ser uno, o tres o cinco, non más...»

Por el pronto y en medio de la efervescencia popular se levantaron en las capitales de provincia juntas particulares de armamento y defensa, las cuales conociendo la necesidad de formar un gobierno enviaron sus comisionados respectivos al efecto; pero estos comisionados una vez reunidos, creyeron más conveniente mandar por sí, y se erigieron en junta suprema central gubernativa del reino en nombre de Fernando. Solo en las agonías de principios de 1810 después de invadidas las Andalucías por los Franceses, fue cuando la junta central convencida de que le era imposible conservar por más tiempo el mando, lo depositó en manos de cinco individuos según lo dispuesto en la preinserta ley de partida, y expidió la convocatoria de Cortes. No entraré en el examen de la parte que el pueblo español tuvo realmente en el nombramiento de las autoridades en el interregno de Fernando;

tampoco discutiré el origen de la autoridad pública en una nación, ni el derecho de soberanía, de que en vano se ha intentado despojar al jefe supremo y perpetuo de cada estado independiente. Esta cuestión que ha sido ventilada hasta el punto de causar fastidio, nunca producirá soluciones decisivas para aquellos que la miran como su último atrincheramiento; pero cuando se generasen las buenas doctrinas, llegarán a fijar su opinión los hombres de buena fe, y quedará muy reducido y aislado el número de lo que por interés se niegan a todo convencimiento. Soto diré de paso, que los defensores de la soberanía del pueblo debían conocer, que si el soberano es el depositario de la autoridad pública, su proposición encierra un absurdo, porque es imposible que el pueblo tenga jamás semejante depósito; y si el soberano es el que manda, envuelve un contrasentido y pues el pueblo es el que en todas partes obedece. Mirada la soberanía popular bajo el sentido latísimo que le dan sus partidarios, viene a ofrecer una perogrullada, según la expresión de un escritor español moderno que ha analizado perfectamente la cuestión, pues se reduce a que el todo es mayor que la parte, o que muchos pueden más que uno; de donde se sigue que si en este sentido se quiere llamar al pueblo soberano, toma esta vez una acepción que nunca había tenido, por lo cual habría sido mucho más racional y ventajoso usar o adoptar una palabra nueva, para expresar una idea muy diferente de la que corre y ha corrido siempre unida a la voz soberanía. Pero la confusión de las voces es el medio de alargar las disputas y sostener una mala causa; y cuando el hombre sensible deplora los males que ha ocasionado el error en todos tiempos, se estremece al considerar los torrentes de sangre que acaban de regar ambos hemisferios y los amenazan con nuevas inundaciones, solo por el prurito de deducir consecuencias forzadas de principios abstractos, y dar cuerpo a estas mismas abstracciones, que son absolutamente irrealizables mientras que los hombres no dejen de ser lo que son. ¿De qué sirve decir que el pueblo es originariamente soberano, si jamás ha ejercido ni ejercerá en rigor semejante soberanía? Porque los astrónomos hayan calentado la distancia que separa nuestro planeta del Sol y de otros cuerpos celestes, ¿se sigue que cualquiera pueda ponerse en camino, ni deba apurar sus esfuerzos para ir a confrontar aquellos cálculos? Y si al fin la sangre y las lágrimas de la generación actual pudiesen labrar la felicidad de las venideras, serviría esta consideración de consuelo; pero de buena fe, las exageraciones demagógicas, ¿a dónde pueden conducir al género humano? A una sombra vana, a una quimera... y lo que es peor, a desperdiciar el presente bien posible por correr tras de otro bien imaginario e imposible. La mayor parte de los errores que se vierten en materias políticas (hablo de los de entendimiento, no de los de intención) consisten en que las tratan especulativamente quienes no las conocen de práctica, y trazan sus líneas desde su gabinete como con un compás, sin acordarse de que son hombres, y hombres con pasiones y miserias los que forman las palancas, los ejes, las ruedas, los piñones y hasta las partes más pequeñas de la grande máquina del estado.

Volviendo a mi propósito digo, que sin entrar a averiguar la parte que tuvo la nación en el nombramiento de las juntas de provincia, de la central, y de la regencia, ni la mayor o menor legalidad que pudiesen tener sus nombramientos en las diferentes hipótesis del origen de la autoridad pública, basta recorrer los diarios o simplemente los decretos de las Cortes constituyentes de Cádiz, para conocer cuál fue la naturaleza o la esencia del gobierno en aquellas circunstancias. Tres veces mudaron las Cortes arbitrariamente el consejo de regencia en el espacio de dos años y medio, y otras tantas formaron nuevos reglamentos del que se llamaba vanamente poder ejecutivo, pero que no era en realidad sino un mandatario humildísimo de ellas. Ni los regentes tuvieron la menor parte en la formación de la Constitución ni en su sanción, ni estuvo en su arbitrio otra cosa que cumplirla ciegamente como las demás disposiciones de las Cortes, pues al más leve indicio de desobediencia habrían sido depuestos y remplazados por otros; que nunca faltan pretendientes a los puestos elevados, por más insignificantes y desairados que sean. Véase, pues, si la posición de semejantes consejos de regencia podía compararse en lo más mínimo con la del legítimo rey Fernando, jurado y aclamado por la nación, y reconocido por las mismas Cortes: dígase francamente si la conducta de éste pudo ni debió modelarse por la de aquellos.

Algo más fuerte que todas las razones alegadas para probar la obligación del rey a jurar la Constitución, es un argumento que se ofrece en contra, deducido de las mismas teorías constitucionales. Si las constituciones son, según los publicistas más modernos, pactos o contratos entre los reyes y los pueblos, es indispensable que las dos partes contratantes sean igualmente libres al pactar, proponiendo la una y admitiendo o desechando la otra: todo lo que sea salirse de aquí, no puede fundarse en otro derecho que el de la fuerza: luego ¿qué obligación tenía de obedecer ciegamente el rey cuando debía elegir con libertad? ¿No pudieron conocer las Cortes que su conducta altiva e impolítica había de agriar a los pueblos y entibiar las disposiciones conciliadoras del rey Fernando, cuya posición no era la de sucumbir sino la de mandar?... Por otra parte se ha sentado como principio de derecho, deducido de la mal entendida soberanía popular, que la nación entera debe tener parte en la formación de las leyes, y suponiendo por imposible que esto hubiese sucedido en España cuando no se ha verificado ni se verificará en ningún país, ¿qué parte tuvo el rey en la formación de la Constitución de 1812? Nadie negará que el rey es algo en la nación, y si no tuvo parte en la formación de la Constitución por sí ni por apoderado cuando era involuntaria y forzada su ausencia del reino, se sigue que no esté obligado a su cumplimiento, porque ningún individuo de la nación está sujeto a la observancia de una ley, a cuya formación no haya concurrido por sí o por su representante, según las más alambicadas sutilezas de la nueva ciencia llamada política constitucional.

Aún hay más: si la Constitución misma de Cádiz previene que el rey tenga parte en la formación de las leyes, y que éstas no adquieran fuerza hasta que obtengan su libre sanción; ¿era posible que no se requiriesen las mismas formalidades siquiera para la formación y sanción de una Constitución? Y si al coartar las facultades del rey los constituyentes, todavía le dejaron el término de tres años para oponerse a la sanción de una ley cualquiera, ¿no había de tener igual facultad a lo menos cuando se trataba del cuerpo de leyes fundamentales? ¿Quién sancionó la Constitución de 1812? Las Cortes mismas que la habían formado. Sus apologistas debieron haber tenido presente que la de 1791 no tuvo fuerza ni valor en Francia hasta que Luis XVI la aceptó libre y voluntariamente, a lo menos con la libertad que a la sazón tenia aquel desgraciado monarca: la asamblea constituyente guardó siquiera el decoro de pedir a su rey la libre sanción, y estuvo muy distante de exigírsela con el tono imperioso que usaron las Cortes de Madrid, mandando comparecer a Fernando para que sin réplica prestase su juramento.

Finalmente se ha dicho como razón concluyente que el rey debió adoptar la Constitución de Cádiz porque con ella haría la felicidad de los españoles; pero esta suposición está tan distante de la realidad, que aun cuando S. M. hubiese querido prescindir de los clamores de los pueblos y postergar sus propios derechos, debían apartarlo de semejante propósito su previsión y los consejos de personas medianamente sensatas. Con efecto tiene la Constitución defectos tan sustanciales, que no podían ocultarse a una penetración regular, especialmente habiéndose publicado ya en diferentes puntos de Europa varios escritos que patentizaban hasta la evidencia los fatales resultados que debía producir. Escusado es en el día pararse a demostrar sus defectos, pues los hemos palpado por desgracia: la experiencia ha hecho ver que ata las manos al poder ejecutivo, tendiendo directa e irresistiblemente a la anarquía y desenfreno, en tales términos, que es del todo imposible que llegue a consolidarse en ningún país; iy desdichado de aquel en que se intente plantearla! En medio de algunas cosas buenas, lleva consigo el germen de todos los males. El rey, pues, debió formar de la Constitución de 1812 el mismo juicio que formaron los hombres de ilustración y experiencia antes y después; y así aun cuando estuviese dispuesto o gobernar poniendo en vigor nuestras antiguas leyes, o por medio de una nueva Constitución sabia y bien combinada que promoviese la común prosperidad, jamás debió echar mano de una que encerraba los elementos del mal y la desorganización.

Creo dejar demostrado que no estuvo el rey en el caso de jurar la Constitución ni por obligación ni por convencimiento a su regreso de Francia; veamos ahora el derecho con que se le exigía el juramento. Aun cuando se quiera prescindir de los vicios que podían tener y realmente tenían las elecciones de los diputados a Cortes, y que ponían justamente en duda su legitimidad, examinemos el origen de su convocación. Tan pronto como el rey Fernando conoció que no podía ya escapar del lazo que le había tendido vilmente el usurpador Bonaparte en 1808, procuró proveer en el mejor modo posible a la larga orfandad que amenazaba al estado por su ausencia. A este efecto autorizó por decreto de 5 de mayo dado en Bayona a la junta de gobierno que había dejado en Madrid, para que en cuerpo o sustituyéndose en uno o muchos individuos, se trasladase a paraje seguro para hacer la guerra a los Franceses, y que en nombre de S. M. y representando su misma persona ejerciese todas las funciones de la soberanía. Por esta disposición quiso el rey asegurar la subsistencia de un gobierno legítimamente constituido, y con la misma fecha expidió otro decreto[5] mandando que se juntasen Cortes en el paraje más expedito, y que por de pronto se ocupasen únicamente en proporcionar los arbitrios y subsidios necesarios para atender a la defensa del reino, quedando permanentes para lo demás que pudiese ocurrir. Si estos dos decretos hubiesen sido cumplidos, se habría tenido una norma fija que seguir en las operaciones del gobierno; pero como iban dirigidos a una junta que ya tenía a la sazón por presidente al duque de Berg, quedaron estancados y sin efecto. Obsérvese de paso que en tan grave crisis apeló Fernando al recurso de las Cortes, esperando de ellas la misma cooperación y auxilios que generalmente habían prestado a sus predecesores. Sabido es que en lo antiguo las asambleas augustas de Cortes, parto feliz de los bosques de Alemania, fueron constantemente los apoyos más seguros del trono en los diferentes estados en que se hallaba dividida la España desde el principio de la restauración: colocados los reyes en su centro ofrecían una imagen del gobierno patriarcal según la sencillez de aquellos tiempos; pero a medida que fue creciendo la monarquía por la reunión de reinos y provincias, que los reyes aumentaron de poder humillando a las clases privilegiadas, y que quedaron más independientes de la cooperación de los pueblos en la prestación de subsidios a causa de los caudales de América, disminuyó sensiblemente la influencia de las Cortes. Los reyes extranjeros fueron los que acabaron de desautorizarlas: Carlos I hizo sentir el peso de su brazo de hierro a las de Castilla; Felipe II dejó casi aniquilados los fueros de Aragón, y lo mismo hizo Felipe V con los de Cataluña. La resistencia que éste encontró en 1713 en las Cortes de Castilla para la admisión de una ley por la cual estaba empeñado en variar el orden de sucesión a la corona establecido por los reyes católicos, acabó sin duda de disgustarlo de estas asambleas y sus trabas, dejándolas reducidas a un vano simulacro o ceremonial. Luego que llegó a trascender en el público la voluntad de Fernando de convocar Cortes después de tantos años de desuetud y olvido, se arraigó más y más la buena opinión que se tenía de su gobierno y disposiciones, al verle echar mano de

---

5   Don Pedro Ceballos en su manifiesto.

un remedio glorioso y verdaderamente nacional, y restablecer en su vigor nuestros buenos usos y costumbres. ¡Ojala que las determinaciones del rey se hubiesen seguido al pie de la letra, pues nos habrían traído muchos bienes y ahorrado infinitos males!

La junta central pensó también en convocar Cortes: sea que quisiese dar cumplimiento a la última voluntad del rey manifestada desde Bayona y que ya se había hecho pública por medio de la imprenta, o que las apuradas circunstancias en que se hallaba la nación no permitiesen en su concepto pasar por otro camino, empezó a ocuparse de este negocio, aunque con tanta lentitud, que dio lugar a que casi todas las provincias fuesen ocupadas por el enemigo antes de expedir la carta convocatoria en los últimos momentos de su existencia política. No hay duda que se tocarían graves inconvenientes para la reunión de Cortes en aquellas circunstancias: pero en tiempos tan críticos, el partido más seguro era atenerse en el mejor modo posible a lo acostumbrado y prevenido en las leyes. Lejos de esto se hicieron tres innovaciones de gran tamaño; primero se reunieron por la primera vez Cortes generales de todas las provincias; segundo, en lugar de juntarse los tres brazos o bien las ciudades que tenían voto,[6] se arregló la representación por el número de habitantes; y tercero, se dio representación a los individuos de las colonias. La primera innovación fue oportuna e indispensable; pero sin entrar en el examen de las otras. ¿No podría preguntarse con qué autoridad se hicieron estas variaciones?

Mas pasando por encima de todas las dificultades, se verá claramente por poco que se reflexione, que los diputados de Cádiz se propusieron seguir el ejemplo de los que concurrieron a los estados generales de Francia en 1789, que se declararon en asamblea constituyente, y formaron la

---

6   El decreto de la junta central de 29 de enero de 1810 llamaba a Cortes a todos los grandes de España, a los prelados y a los procuradores, disponía que los dos primeros estamentos deliberasen reunidos y el último separado a semejanza de lo que sucede en Inglaterra, y fijaba los puntos que habían de tratar las Cortes, el tiempo que habían de durar, y las funciones que habían de ejercer. Este decreto está lleno de sabiduría y previsión; pero los jacobinos que ya empezaban a pulular en Cádiz lograron eludirlo en todas sus partes, y reuniéndose únicamente los procuradores de las ciudades, juntas y provincias, ya propietarios, ya suplentes, se erigieron en Cortes constituyentes apropiándose la soberanía nacional. ¿Dónde está pues la legitimidad de las Cortes de Cádiz?

Constitución menguada que dio pie para las grandes catástrofes de aquella revolución. Pero en Francia a lo menos la convocación había sido solemne y emanada del trono, las elecciones legales y sin tacha; el rey había consentido en la formación de la nueva Constitución y había tenido parte en ella por medio de sus ministros, y últimamente la había aceptado con todo conocimiento el día 3 de setiembre de 1791. Todas estas circunstancias faltaban en España; ¿con qué derecho, pues, se pretendía en 1814 obligar al rey a jurar sin réplica la Constitución de Cádiz so pena de no reinar? ¿No era este mismo rey y el gobierno interino en su nombre el que había dado existencia a las Cortes con objeto determinado? ¡Y éstas a su vez querían investir de nuevo al rey con el manto y la corona si se resignaba a sus decretos! ¡Extraña presunción!

Si las Cortes se hubiesen ocupado durante la ausencia del rey en promover por todos medios la felicidad de la nación, si en lugar de apropiarse la soberanía y el ejercicio de todos los poderes del estado (así fue en realidad) ostentando un despotismo pueril, se hubiesen ceñido a ejercer con juicio y moderación las funciones legislativas; si en vez de intrigar y apandillarse gran parte del congreso poniéndose a la Cabeza de una facción que agitaba igualmente la península y ultramar, se hubiese ocupado en unir los ánimos, en hacer algunas reformas necesarias y en preparar otras que debían combinarse con el tiempo; en tal caso, ¿hay una sola persona sensata que pueda dudar que el rey Fernando habría mirado a los diputados como hijos predilectos de la patria, los habría estrechado en sus brazos y habría seguido sus huellas y consejos? ¿Hay un solo dato para creer que el joven monarca al salir de su cautiverio hubiese vacilado un momento en unirse con los dignos procuradores de la nación? Pero la mayoría de éstos, lejos de granjearse la voluntad de los pueblos y del rey, logró atraerse su odio o su desprecio; ¡cuántas épocas hemos visto en España en que el gobierno se ha desacreditado a sí mismo, más de lo que pudieran hacerlo sus enemigos! El decreto de 2 de febrero acabó de indisponer los ánimos porque indicaba un orgullo impotente de parte de las Cortes: pero todavía podrían estas haber sacado algún partido ventajoso en marzo de 1814, a pesar de los pasados desaciertos, si lejos del tono imperativo y altanero (aunque con dignidad y entereza) hubiesen hecho presentes al rey los esfuerzos de la nación durante su cautiverio, le hubiesen enterado de las circunstancias que habían presidido a la convocatoria y celebración de Cortes, y le hubiesen presentado respetuosamente la constitución formada, pidiéndole se dignase aprobar los actos de gobierno ejercidos en su ausencia, y aceptar libremente el nuevo código o modificarlo del modo más conveniente. Entonces es seguro que el rey deseoso de mostrarse agradecido y generoso hacia sus leales españoles, habría adoptado lo que la constitución tenía de bueno y desechado lo malo, formando un cuerpo de leyes fundamentales acomodado a las circunstancias del siglo y necesidades del estado.

No quedando recurso a los defensores de las Cortes de Cádiz, pretenden encontrar sus derechos en que libre la nación de adoptar un nuevo gobierno o modificar el antiguo en razón del abandono en que suponen la dejó voluntariamente Fernando, hizo espontánea elección de éste mismo para su rey imponiéndole condiciones. Pero el ningún valor de este argumento queda ya demostrado arriba, porque el rey lejos de abandonar a la nación, se sacrificó por ella, y aún despreció, como es público, una corona que se le ofrecía en Italia en compensación de la de España. Sus derechos se conservaron intactos, y la nación no lo dudó un momento, siendo inconcebible que hubiese hecho libre elección de rey en una persona que se supone había perdido sus derechos a la corona haciéndese indigno de ella; observación que en mi concepto no admite réplica. Por otra parte, decir que las Cortes exigían al rey el juramento de la Constitución en nombre de la nación, es un absurdo, pues la nación estaba obrando hostilmente contra ella y pidiendo su abolición: de modo que si las leyes deben ser la expresión de la voluntad general, estaban muy lejos de tener este carácter las recopiladas en la Constitución de 1812.

Ninguna duda deberá quedar al lector imparcial de que no hubo derecho en las Cortes para obligar al rey Fernando a jurar la Constitución; y si alguno quisiese todavía citar en contra el ejemplar de los Estados Unidos de América, el de los legisladores de Sobrarve, y el de lo acaecido en Inglaterra en tiempo de Juan Sin tierra y Guillermo III, será muy fácil probar que nada de ello es aplicable al punto en cuestión. Los anglo-americanos al substraerse a la dependencia de su metrópoli, se constituyeron del modo que les pareció más conveniente: no tenían rey ni gobierno establecido y de consiguiente no necesitaron su cooperación ni sanción, por lo cual les fue muy fácil imponer condiciones a los que en adelante hubiesen de estar al frente de la república. En cuanto a los legisladores de Aragón, aunque el origen de sus fueros se pierde en la noche de los tiempos y hay datos muy fuertes para creer que no hubo jamás reyes en Sobrarve, es un hecho incontestable que la Constitución de aquel reino ponía límites a la autoridad real, y aseguraba de un modo desconocido hasta entonces las libertades del pueblo. Causa admiración ver salir de entre el densísimo velo que la ignorancia y la barbarie habían tendido por toda la Europa, unas instituciones tan bien calculadas y tan originales, que no se encuentra el más leve vestigio de ellas en la antigüedad, ni han sido imitadas después por nación alguna. Venecia que a beneficio de su posición marítima se había conservado sola en pie en medio del espantoso trastorno que se siguió a la caída del imperio romano, ofreció un asilo a la libertad bajo las antiguas formas de gobierno de Grecia e Italia; pero los aragoneses que pocos siglos después formaron el suyo, se apartaron de las reglas conocidas, y sacaron de la fortaleza de sus pechos y elevación de sus almas una Constitución nueva, que hizo por más de quinientos años la felicidad de su país, y a quien algunos autores extranjeros han mirado como una inspiración del cielo. Pero sea que los fueros de Aragón se escribiesen en el interregno que precedió a la elección de don Iñigo Arista, como pretenden algunos, o que se formasen antes de subir al trono el primer rey de Aragón, según otros, don Ramiro, hijo del rey don Sancho el Grande de Navarra, lo cierto es que ya se había establecido en aquel país el régimen feudal al principio de la reconquista; y debiendo ser los reyes poco más que irnos compañeros de sus capitanes con el encargo principal de conducir a la guerra sus cortos ejércitos, era natural que se sujetasen fácilmente a las condiciones razonables con que se les ofrecía la corona.

Ahora que los reyes tienen en casi toda Europa por criados de su casa a los que antiguamente eran sus compañeros, gozan generalmente los pueblos o el estado llano de derechos que entonces no tenían, porque los reyes se valieron posteriormente de su auxilio para reducir y humillar a los grandes señores. De modo que en la marcha de los gobiernos pueden distinguirse tres periodos: el feudalismo, la monarquía absoluta, y la tendencia al régimen representativo, que es la que en el día fermenta en Europa. La Inglaterra es la que ha corrido con más rapidez esta carrera si se exceptúan los gobiernos citados de Venecia y Aragón que ya no existen: en 1215 aprovechándose del mal gobierno y descrédito del rey Juan, le obligaron los barones y el pueblo a firmar la gran carta en que se afianzaron las libertades de unos y otros; y cuando en 1688 fue arrojado del trono Jacobo II también por su mal gobierno y se colocó en él la dinastía de Orange, aceptó el nuevo rey Guillermo III las condiciones que se le impusieron en favor de las libertades públicas, por los mismos que lo habían condecorado con la diadema en perjuicio de su suegro. Pero estos ejemplares y otros que pudieran acaso citarse, entre ellos el de los nobles feudatarios de Aragón que en 1287 obligaron al rey don Alfonso III, a que les confirmase el privilegio de la unión, tienen por contraposición sin salir de la historia moderna, el de don Pedro IV que después de vencer a los nobles anuló aquel odioso privilegio, el de Gustavo III, que destruyó la constitución de Suecia en 1772, el del general Bonaparte que deshizo la del Directorio y Consejos en Francia, el del general Suwarow que derribó la de Polonia y otros. Y todo esto ¿qué prueba? Que las naciones y aún clases poco numerosas, haciendo uso, no de la soberanía que sería una vaciedad, sino de la fuerza, han dado la ley muchas veces a sus caudillos y verdaderos soberanos; y que los reyes y los generales, también en virtud de la fuerza y no de la soberanía, han subyugado otras veces a las naciones. Si el uso de la fuerza numérica hecho por los pueblos ha dado origen a un sistema bien cimentado, como en Inglaterra, será duradero y hará la felicidad de la nación: pero si ha producido un gobierno mal combinado, no llegará a prescribir, pues durará poco, como sucedió en Suecia, en Francia y en Polonia. Todo cuanto se diga de reyes que han transigido con sus pueblos, de naciones que han mudado su forma de gobierno, no hará más que conducirnos a dos verdades muy triviales y conocidas; primera: que las revoluciones no son obra del acaso, sino de las pretensiones encontradas entre los que mandan y los que obedecen; y segunda: que la fuerza es la que cambia en diferentes sentidos la faz política de las naciones; lo que hace violentamente la fuerza, el tiempo lo consolida, la prescripción lo legitima. Tal es el resultado de la historia y la experiencia constante de los siglos: tal viene a ser en definitiva el derecho público de las naciones. Si en 1814 hubiesen tenido las Cortes de Madrid más fuerza que el rey Fernando, habría este seguido el itinerario que se le tenía señalado, y se habría visto precisado a comparecer en el salón a jurar la Constitución de Cádiz; véase ahora si a falta de otros derechos, tenían las Cortes el de la fuerza o la opinión, y se conocerá la parte que tuvieron de ridículas sus impotentes pretensiones.

De lo dicho resulta que ni el rey Fernando debió prestar juramento a la Constitución, ni las Cortes tuvieron derecho para exigírselo. Que había males arraigados en la nación y necesitaban curarse, que había abusos y necesitaban corregirse, es cosa indudable; pero siempre era preciso establecer algún gobierno y fijar un punto de donde partir para hacer marchar de frente las reformas útiles, por lo cual fue necesario volver al régimen antiguamente conocido. Los resultados no correspondieron en verdad, a las esperanzas de los que querían ver remediados los males en poco tiempo, y lejos de mejorarse en general el estado de las cosas, se empeoró en tales términos, que produjo la reacción de 1820. Las causas de todo esto las iré desenvolviendo del modo más claro y sencillo que me sea posible.

Mas para formar idea exacta del camino que en 1814 debió seguir el rey Fernando en su gobierno, es preciso conocer a fondo el estado de la monarquía, y averiguar el origen de sus males, males muy inveterados, y cuyas principales raíces profundizan a tres centurias de distancia de nosotros. Desde el siglo dieciséis en que la España llegó al colmo de su grandeza y prosperidad, tardó muy poco en comenzar a decaer con tan espantosa rapidez, que acaso no ha habido posteriormente guerra ni tratado general en Europa, en que no haya perdido o cedido algún reino, provincia o plaza. Fue tan corta la época de su gran riqueza y de su gloria, que parece estaba ya sembrada la semilla que luego empezó a descubrir y desarrollar el germen de su futura pobreza y decadencia. En vano los buenos tiempos de Fernando VI y Carlos III, opusieron un dique al torrente que amenazaba aniquilar el reino: el ímpetu por entonces contenido, se desahogó después en nuestros días con mayor furor y violencia.

Desde su principio no han cesado nuestros políticos de lamentarse de la despoblación, miseria y decadencia de la nación, atribuyéndola a diferentes causas con mayor o menor fundamento. El consejo de Castilla en una consulta que hizo a Felipe III el año de 1619 señaló las siete causas siguientes: 1.ª: el exceso en los tributos; 2.ª: en las mercedes y gastos que hacía S. M.; 3.ª la mucha gente que había en la corte; 4.ª: el lujo y gastos excesivos de los vasallos; 5.ª: la falta de privilegios y protección a los labradores; 6.ª: la superabundancia de conventos y de órdenes regulares; y 7.ª: la creación de cien receptores hecha pocos años antes. Navarrete en su Conservación de monarquías, publicó otras seis causas además, cuales son, la expulsión de los judíos y moros, la emigración a América y otras colonias, la abundancia de holgazanes y vagabundos, los mayorazgos cortos, la muchedumbre de fiestas, y la labranza con mulas.

Lope Deza en su Gobierno político de la agricultura, impreso pocos meses antes que el consejo hiciese la mencionada consulta, señaló las mismas siete causas de nuestro atraso, añadiendo otras tres, que son: los censos, las tasas, y la ignorancia de la astronomía. Herrera, Moncada y Ceballos que escribieron por este tiempo, y otros políticos españoles del mismo siglo y siguiente reprodujeron en parte dichas causas, añadiendo otras como son: las rentas provinciales, la introducción de géneros extranjeros, la extracción del dinero, aunque otros por el contrario la prohibición rigurosa de extraerlo; y por fin algunos célebres escritores han atribuido toda nuestra decadencia a las innovaciones que por aquellos tiempos se hicieron en el gobierno de la monarquía, y en las personas y cuerpos que lo tenían a su cargo. A poco que se reflexione, se conocerá que esta última causa ha debido ser la más poderosa de todas, pues las anteriores, unas son más bien efecto que causa de la decadencia, otras son poco poderosas para haber tenido una influencia considerable, y las principales proceden de la falta de buen gobierno o de buenas leyes positivas, cuyo origen debe buscarse en el régimen mismo o sistema de gobierno. Un eclesiástico muy ilustrado, que ha hecho profundas y sabias investigaciones sobre la materia, tiene principiada una obra en que se propone desenvolver y demostrar el influjo real y efectivo que han tenido en nuestra decadencia cada una de las diferentes causas a que ha sido atribuida, señalándolas a punto fijo y proponiendo su remedio.

Cuan útil e importante sea una obra de esta naturaleza desempeñada por mano maestra, no hay para que encarecerlo; pasemos entretanto a examinar los defectos del régimen gubernativo, de donde resultará que a Dios debe atribuirse, sino en todo, en la mayor parte, el enorme atraso y abandono en que nos hallamos. Para ilustrar debidamente una materia de tanta entidad, voy a bosquejar rápidamente el gobierno español desde el principio de la monarquía, porque no solamente aparecerán los vicios que en él se han ido introduciendo, sino que se conocerá exactamente su índole y naturaleza; conocimiento muy útil para los extranjeros, y aun para los españoles, entre quienes está muy poco generalizado. La suerte futura de la península depende de la opinión de la Europa ilustrada, ante cuyo respetable tribunal apelan los partidos deduciendo sus pretensiones; un sencillo resumen histórico bastará por sí solo para acreditar lo fundado o infundado de muchas de ellas; y me evitará además la molestia de tener que hacerlo a retazos en el curso de este escrito, siéndome más ventajoso referirme a él cuando se me ofrezca en lo sucesivo. El asunto es de tanto interés y extensión, que exige algún detenimiento.

Consideraciones históricas sobre la Monarquía española

Cuando los Godos se establecieron en España después de derrotar a los Romanos, encontraron poca resistencia en los naturales, deseosos de sustraerse a la dominación de los Cesares, y aún más de sacudir el pesado yugo de los Vándalos, Silingos y Suevos que se habían adelantado a ocupar la mayor parte del país: los nuevos conquistadores procuraron por su parte ganar los ánimos de los Españoles, y mezclados con ellos, dieron principio a esta grande monarquía. Los reyes godos eran absolutos en el mando, como por precisión debían serlo los caudillos de un pueblo guerrero e indomable que aborrecía la paz, puesto que los generales de los ejércitos han sido esencialmente absolutos, aun en los gobiernos republicanos. Esto no obstante, deliberaban en los negocios de importancia con sus jefes principales que venían a formar su consejo de guerra, como ha sucedido sin duda en la infancia de todas las sociedades, y estos mismos jefe eran los que elegían el sucesor a la corona. Eran electivos, porque no siendo todos igualmente a propósito para dirigir las operaciones militares, podía la minoridad de un rey o su ineptitud para las armas, ser suficiente motivo para ocasionar la total ruina de la nación; así era necesario remplazar a un buen caudillo con otro capaz de llevar adelante sus empresas, y conducir a los combates aquella gente belicosa para triunfar de sus enemigos.

La monarquía goda o visigoda en España fue, pues, militar o absoluta, y electiva según su origen, y llegó a extenderse no solamente por la península, sino también por una parte considerable de las Galias y por la costa de África. Eran tan fieros los Godos, que no tenían leyes escritas, y se gobernaban por sus usos y costumbres trasmitidos de padres a hijos, hasta que el rey Eurico conociendo que los países adquiridos con la espada se mantienen con las leyes, hizo el año de 647 con acuerdo de los magnates una recopilación que pusiese en armonía las costumbres de los Godos con los códigos romanos, por los cuales continuaban rigiéndose los Españoles. Como estos habían vivido tanto tiempo bajo la dominación romana, miraban sus leyes con afición y respeto, por lo cual Alarico mandó reducir a compendio el código teodosiano para su más fácil uso, y lo publicó hacia el fin de su reinado en febrero de 506. De las leyes hechas por aquellos tiempos para los Godos, y de las que sucesivamente hicieron los reyes, ya por sí, ya con la autoridad de los concilios toledanos, se compuso el Fuero juzgo o libro de los Jueces, que se puso en vigor en toda la monarquía, hasta que en el siglo 13 publicó don Alonso el sabio el de las Partidas. Por medio de tan acertadas disposiciones se conservó la buena armonía entre los conquistadores y los naturales, en tanto grado que con ser arrianos casi todos los primeros, consintieron que los segundos celebrasen sus concilios eclesiásticos con arreglo a la primitiva disciplina, para mantener la pureza de la fe católica y corregir los abusos introducidos en las costumbres. Cuando Hermenegildo se levantó el año de 579 contra su padre Leovigildo, e intentó destronarlo apoyándose en el partido católico cuya religión había abrazado, conoció el rey como prudente el medio de disminuir los partidarios de su hijo, y juntó en Toledo un concilio de obispos arrianos, a quienes hizo declarar en voz algunos puntos de su secta de un modo favorable a los católicos; de manera que éstos, creyendo concluidas ya las diferencias religiosas, y conociendo la mala situación de Hermenegildo, se separaron de su partido. Este mismo Leovigildo fue el primero de los reyes godos que usó cetro, diadema y manto regio, pues hasta entonces no habían llevado vestiduras diferentes de las del pueblo, y se sentaban con sus capitanes a la mesa con la mayor familiaridad. También reformó las leyes de los Godos, y valiéndose del arte de los emperadores romanos, comenzó a asociar sus hijos al mando, para que recayese en uno de ellos la elección de la corona, sin convulsiones ni peligros; costumbre que tuvo muchos imitadores.

Su hijo Recaredo que acababa de ver los males producidos por la diferencia de religiones, abrazó la católica poco después de subir al trono, y habiendo juntado el año de 589 un concilio nacional en Toledo, que fue el tercero celebrado en esta ciudad, se presentó en él acompañado de los grandes, e hizo por escrito la profesión de fe católica y abjuración de la secta arriana, ejemplo que siguieron los grandes, los obispos y el pueblo godo. Los padres allí congregados hicieron después veintitrés cánones para reformar las costumbres y mantener la disciplina eclesiástica, y habiéndolos el rey confirmado, mandó que se les diese cumplimiento. A primera vista se conoce cuán grande sería el ascendiente que en semejantes circunstancias tendría el clero católico por la santidad de su ministerio, y la fuerza moral de que gozarían las reuniones de los prelados: así es que los reyes sucesivos acostumbraron sacar partido de ellas para dar mayor solidez y autoridad a sus disposiciones gubernativas. Dueños pacíficos de la monarquía, debieron ocuparse en suavizar las costumbres belicosas heredadas de sus mayores, y sustituir al prestigio militar el apoyo de la religión, dando consistencia a la corona, y sustrayéndola del arbitrio de la fuerza armada, que solía ensangrentarla en la cabeza de los reyes mismos que había elegido. Como la corte acababa de establecerse en Toledo el año de 677, resultó que los concilios allí celebrados fueron los principales y de mayor importancia, y de ahí parece que se abrió puerta para que aquella iglesia alcanzase la primacía sobre las demás de España.

Hacía ya 217 años que los Godos habían entrado en España, y habían transcurrido por consiguiente cerca de las tres cuartas partes de la duración total de su monarquía, sin haber conocido los reyes otros consejeros que sus grandes y capitanes; cuando Sisenando que por la traición y con auxilio de fuerzas extranjeras usurpó a Suintila la corona, conoció que corría peligro de perder en breve lo ganado, si no se ayudaba del brazo eclesiástico, y juntó el célebre concilio 4.º de Toledo en 5 de diciembre de 633. En él se hicieron setenta y cuatro cánones relativos a la disciplina y cosas de la iglesia, y en el último que es el LXXV, se prescribe la fidelidad debida a los reyes y la seguridad de sus sagradas personas; se pronuncian terribles anatemas contra los conspiradores y usurpadores; se determina que en muriendo el rey se junten los prelados y los grandes del reino y elijan pacíficamente sucesor; piden los padres al rey que gobierne con piedad y justicia, y que en las causas criminales en que hay pena capital establecida por las leyes, no pueda por si solo dar sentencia sino con los jueces públicos para que a todos conste la justificación del castigo; y finalmente se excluye para siempre a Suintila de los empleos y cargos públicos y se confiscan sus bienes. Obsérvese cuál sería el poder de los reyes en aquel tiempo, cuando un concilio nacional compuesto de sesenta y seis prelados, que acababa poco menos que de autorizar una usurpación, se limitó en recompensa a pedir a Sisenando que gobernase bien y no impusiese por sí solo la pena de muerte; y únicamente con respecto a los reyes futuros, se les amenazó con anatema si faltando al respeto debido a las leyes, y llevados de la soberbia y de un extravagante deseo de dominar, ejerciesen un poder muy cruel con los pueblos abusando de la regia dignidad.[7] He querido insertar íntegro lo sustancial de este ca-

---

7   Canon LXXV. Después del preámbulo dice así: *Nullus apud nos præsumptione regnum arripiat; nullus excitet mutuas seditiones civium: nemo meditetur interutus Regum, sed defuncto in pace príncipe primates totius gentis cum Sacerdotibus succesorem regni consilio communi constituant, ut dum unitatis concordia a nobis retinetur, nullum patriæ gentisque discidium per vim atque ambitum oriatur... Quicumque igitur a nobis vel totius Hispaniæ populis qualibet conjuratione vel studio sacramentum Fidel suæ, quod pro patriæ gentisque Gothorum statu vel conservatione regiæ salutis pollicitus est, temeraverit aut Regem nece attraectaverit, aut potestate regni exuerit aut præsumptione tirannica regni fastigium usurpaverit, anathema sit in conspectus Dei Patris et angelorum...* (Se repite hasta tres veces el anatema, *in conspectus Christi et apostolorum ejus*, la segunda, e *in conspectu Spiritus Sancti et martyrum Christi* la última.)

Te quoque præsentem regem futurosque ætatum sequentium príncipes humilitate qua debemus deposcimus, ut moderati et mites erga subjectos existentes justitia et pietate populos a Deo vobis créditos regatis, bonamque vicissitudem, qui vos constituit largitori Christo respondeatis, regnantes in humilitate cordis cum studio bonæ actionis, nec quiscuam vestrum solus in causis capitum aut rerum sententiam promulgamus: ut si quis ex eis contra reverentiam legum superba dominatione et faustu regio in flatigiis et facinore sive cpiditate crudelissimam potestatem in populis exercuaerit, anathematis sententia a Christo domino condemnetur, et habeat a Deo separationem atque juditium, propter quod præsumpserit prava agere et in perniciem regnum convertere.

De Suintilane vero qui scelera propia metuens se ipsum regno privavit et potestatis fascibus exuit, id cum gentis consultu decrevimus: ut neque eundem vel uxorem ejus propter mala quæ commiserunt, neque filios eorum unitati nostræ unquam consociemus, nec eos ad honores a quibus ob iniquitatem dejecti sunt aliquando promoveamus; quique etiam sicut fastigio regni habentur extranei, ita et a possesione rerum quas de miserorum sump-

non, porque es el documento que más citan los escritores (muchos sin haberlo leído) para probar la absoluta autoridad de los concilios toledanos en asuntos de gobierno, siendo así que su simple lectura basta para demostrar lo contrario, atendidos los antecedentes.

El rey Chintila elegido solamente por los grandes sin embargo de lo que poco antes se había establecido, juzgó también necesario asegurarse con la poderosa autoridad del Clero, y juntó el 5.º concilio de Toledo en el año de 635: en él se dispuso entre otras cosas que se le reconociese y obedeciese como rey, prohibiendo que sus hijos fuesen insultados después de su muerte, y se fulminaron anatemas contra los que usurpasen el trono sin ser elegidos con arreglo a las leyes. Chintila asistió al concilio con los grandes del reino, y aprobó sus determinaciones dándoles fuerza de ley. En el 6.º concilio celebrado el año de 638 se determinó con consentimiento de los grandes que el rey elegido, antes de ser coronado y reconocido por tal, jurase que guardaría la religión católica, y no permitiría vivir en su reino a quien profesase otra, y que el rey que quebrantase este juramento, fuese excomulgado.

Por muerte de Chintila eligieron los grandes por rey a Tulga el año de 639, y habiendo fallecido a los veintiocho meses, se alzó con la corona Chindasvindo que tenía el mando de las armas y ya se había rebelado contra Tulga: las leyes reprobaban semejante procedimiento: pero ¿qué pueden contra la fuerza? Chindasvindo fue reconocido por el concilio 7.º de Toledo; y su hijo

---

tibus hauserunt maneant alieni, præter in id quod pietate piissimi principis nostri fuerint consequuti.

Gloria autem et honor omnipotenti Deo in cujus nomine congregati sumus, post hoec pax, salus et diuturnitas piisimo et amatori Christi domino nostro Sisenando Regi, cujus devotio nos ad hoc decretum salutiferum convocavit etc. COLECTIO CANONUM ECCLESIAE HISPANAE EX PROBATISSIMIS AC PERVERTUSTIS CODICIBUS, A PUBLICA MATRITENSE BIBLIOTECA. 1808. Tal es texto auténtico y acrisolado del 75.º canon del 4.º Concilio toledano, el cual fue después incorporado al Fuero Juzgo con muchas alteraciones y añadiduras según resulta de los códices antiguos, entre ellas la de poner: Sane tam de præsente quam de futuris regibus... En el discurso preliminar del Fuero Juzgo en latín y castellano, publicado en 1815 por la academia española, se prueba que las compilaciones conocidas de las leyes visigodas son posteriores al mismo concilio 4.º, de donde resulta que los reyes godos o leoneses que arreglaron la legislación después del reinado de Sisenando, añadieron de su propia autoridad el tan de præsente como muchas otras cosas, que no están en las actas del concilio.

Recesvinto que fue muy piadoso y aficionado a las cosas de la iglesia, convocó los concilios 8.º, 9.º y 10.º dándoles facultades extensas y encargándoles que mirasen por el bien de la iglesia y del reino en sus deliberaciones, en términos que habiendo subido al trono para gobernar solo la monarquía española «introdujo en ella (dice el sabio político Saavedra)[8] una especie de aristocracia por mayor bien de los súbditos haciendo participes del gobierno a los prelados»; pero las cesiones de autoridad hijas de las circunstancias o del carácter particular de un príncipe, suelen durar lo que a este le dura el mando.

Wamba fue también elegido y buscado por los grandes y habiéndosele sublevado la Navarra y la Galia gótica, los llamó a consejo juntamente con los jefes principales del ejército. La mayor parte opinaron que el nuevo rey debía afianzarse bien en el trono antes de marchar contra los rebeldes: pero Wamba pensó de diferente manera y emprendió su expedición que le salió felizmente: prueba de que los grandes no tenían más que voto consultivo aun en los negocios de mayor entidad. Este rey dio leyes para reformar el gobierno y puso particular cuidado en lo tocante a la disciplina militar, siendo digno de notarse que en el undécimo concilio toledano, único celebrado durante su reinado, a saber en 674, no se trató de asuntos políticos, y sí solamente de los relativos a la iglesia.

Ervigio que con artificio y engaño logró suplantarse en el puesto de Wamba, juntó tres concilios durante su reinado, dirigidos en la mayor parte a autorizar y afirmar su gobierno. Su hijo Witiza que le sucedió el año de 701, pervertido por los aduladores se entregó a todo género de vicios y desórdenes, y para cohonestarlos publicó diferentes leyes, entre ellas una que permitía casarse a los eclesiásticos, y otra en que negó la obediencia al Papa. Para darles mayor fuerza juntó el 18.º concilio de Toledo donde dice el padre Mariana que fueron confirmadas, y añade que las actas de este concilio no ponen ni andan entre las demás, por ser del todo contrarias a los cánones eclesiásticos. Aquí concluyeron los concilios toledanos llamados mixtos por componerse de los prelados y grandes: el año de 711 subió al trono don Rodrigo, unos dicen que por la fuerza, y otros que por elección. Lo cierto es que dos años después fue invadida la península por los Sarracenos, quienes

---

8   *Corona Gótica, castellana y austriaca*, tomo II, cap. 25.

derrotando a los Godos y españoles el de 714 en las riberas del Guadalete, subyugaron casi toda la nación y echaron por tierra la monarquía Goda: el valor y las virtudes la habían fundado; la flojedad y los vicios minaron sus cimientos para arruinarla.

Infiérese de lo dicho cuan poco acertada anduvo la comisión que presentó el proyecto de la Constitución de 1812, cuando dijo en el discurso preliminar que «antes de la irrupción sarracena los congresos de la nación se componían ya de tres ya de cuatro, y aun de dos brazos en que se dividía la universalidad de los Españoles».[9] Ni los concilios toledanos fueron congresos de la nación, ni asistió a ellos más que el alto clero, y no siempre la nobleza goda; ni la universalidad de los Españoles se dividió mi pudo dividirse jamás en los dos brazos de prelados y magnates, porque sería preciso suponer que a estas dos clases pertenecían todos los Españoles y que no había otra suposición evidentemente absurda. Igualmente infundado es el origen de los brazos o estamentos, que atribuye la comisión «al sistema feudal que aunque muy suavizado, dice, trajo a España los derechos señoriales como es notorio. Los magnates y los prelados dueños de tierras con jurisdicción omnímoda... claro está que no podían menos de asistir a los congresos nacionales».[10] Todos los historiadores de buena crítica y los escritores más sabios, están acordes en que antes de la destrucción del imperio gótico por los mahometanos, no se conocieron en España ni sistema feudal, ni señoríos, ni jurisdicción omnímoda: los títulos de condes y duques significaban los jefes de la casa real, los gobernadores de las provincias y los magistrados; eran puramente personales y aun temporales, pues cesaban con el destino o magistratura.

Lo que es evidente es que los reyes godos estuvieron siempre en posesión de sancionar y publicar las leyes después de haberlas formado por sí solos, o con consejo de los grandes, o a consulta y acuerdo de los concilios mixtos, como puede conocerse al leer el fuero juzgo: que en las asuntos de la guerra y del estado acostumbraron desde un principio aconsejarse con los magnates del reino, y que cuando abrazaron el catolicismo, se valieron además de la autoridad de los concilios eclesiásticos para dar mayor fuerza a ciertas disposiciones en materia de gobierno: que los concilios toleda-

---

9   *Discurso preliminar*, pág. 30.
10   Ibíd., pág. 51.

nos nunca se juntaron sino de orden de los reyes; y si algunos de estos se pusieron de rodillas delante de los concilios y derramaron lágrimas con otras demostraciones extraordinarias, fue para hacer o reiterar la profesión de fe católica, o para captarse las voluntades de los pueblos, en lo cual se distinguieron particularmente los usurpadores, como que eran los que más necesitaban del apoyo y capa de religión. Los reyes presentaban en su tomo regio las proposiciones de que habían de ocuparse los concilios, los cuales nunca se separaron de ellas en sus acuerdos o resoluciones porque siempre las hallaron arregladas, sin que acaso pueda citarse un solo ejemplar en contrario; y entonces los reyes publicaban sus mismas proposiciones autorizadas con el voto de los concilios, dándoles fuerza de ley para su observancia. Sin embargo de ello hay algunas que nunca fueron cumplidas, tal como la preinserta del concilio cuarto que prescribe el modo de elegirlos reyes, pues los nueve que posteriormente ocuparon el trono, subieron a él por la fuerza o no fueron elegidos con las formalidades prescritas. En los 125 años que pasaron desde que los reyes se hicieron católicos hasta su fin, no se celebraron en Toledo más que dieciséis concilios: en cuatro de ellos no se tocaron absolutamente más que puntos de disciplina eclesiástica, y en los restantes en que se trató algo de negocios de gobierno, se hizo lo que propusieron los reyes que los habían convocado, siendo de notar que las determinaciones de los concilios se encaminaban en todos casos a aquellos puntos que tenían contacto con las conciencias.

Resulta de todo que el gobierno godo fue monárquico puro, aunque templado por el ascendiente que gozaban los grandes, y por la fuerza de la opinión, que es el mayor freno de los reyes, valiéndose oportunamente de la autoridad de los prelados para dirigirla en el sentido conveniente. Algunos escritores de nuestros días han pretendido que en tiempo de los Godos tuvieron los reyes una autoridad muy limitada, y no han perdonado esfuerzos para truncar e interpretar violentamente las actas de los concilios toledanos de un modo favorable a sus opiniones; pero la rápida y verídica ojeada que acabo de dar sobre su historia, convence de lo contrario. Baste acordarse de que eran unos reyes conquistadores, y se propusieron por modelo a los emperadores romanos, tanta en la autoridad, como en el aparato exterior y hasta en la etiqueta de palacio. Semejantes escritores tienen por lícito hacer jirones, a su arbitrio la historia para acomodarla a sus intentos, y en ello yerran torpemente: si la libertad fuese un mal, ¿dejaría de serlo porque en tiempo de los godos hubiese asomado por el horizonte español? Y si es un bien, ¿necesita para su realce hacer pruebas de tanta larga genealogía?

Pasemos a la restauración de la monarquía. Ocupado el reino por los mahometanos, los naturales que quisieron mantener su independencia, se retiraron a las fragosas montañas del pirineo y sus ramificaciones, y alzaron por rey a don Pelayo, nieto de Chindasvindo. Las virtudes y constancia de este guerrero y sus sucesores levantaron, de entre sus ruinas, el trono de los godos, derribado por las lunas africanas; y saliendo del estrecho recinto a que habían sido reducidos, ensancharon poco a poco con la espada los confines de una monarquía, que con el tiempo no había de caber en dos hemisferios. Hablo por ahora de los reyes de Asturias, que luego se llamaron de León y después de Castilla a medida que creció su territorio; pues aunque los reinos de Aragón, y Navarra son muy dignos de atención por su legislación y por el poder que alcanzaron, especialmente el primero, perdieron más adelantó su existencia política por su incorporación al de Castilla, que ha sido después el predominante por todos respetos. En las montañas se refugiaron también los antiguos usos y costumbres del reino: se mantuvo en su vigor el fuero juzgo y sus venerables leyes, y volvieron a reunirse los concilios mixtos de prelados y grandes, siendo el primero según se cree, el de Oviedo en el año de 811. Con el tiempo variaron estos concilios de carácter y de nombre, siendo conocidos con el de Curias o más bien de Cortes

Los reyes de León y Castilla siguiendo el ejemplo de los godos sus antepasados, extendían su autoridad soberana sobre todos los objetos de gobierno, formaban leyes, sentenciaban causas, imponían tributos, declaraban la guerra etc.; pero aunque en el ejercicio de su autoridad no dependían de nadie, siempre consultaban a las personas más sabias de sus estados en los asuntos importantes. Convocaban las Cortes, y en éstas juntas respetables se examinaban los negocios con madurez y atención, y cada uno decía su opinión con libertad, aunque sin faltar al respeto debido al monarca, quien generalmente se hacía gloria de adherirse a lo que le aconsejaban aquellas asambleas. Los puntos de legislación en que es más necesario el concurso de luces y pareceres, se trataban en Cortes, y sin estar el rey obligado a sujetarse a lo que éstas opinasen, la verdad llegaba a sus oídos y se encontraba en el caso de seguirla, porque su propio interés le movería a escoger lo mejor, y la opinión pública le impediría hasta cierto punto separarse de ello. Las mismas razones que obligaron a los reyes godos en el último periodo de la monarquía a apoyarse en la autoridad de los concilios, inducirían a los de León y Castilla a escudarse con las Cortes porque sabían que las leyes dictadas con su acuerdo o consejo habían de tener mucha mayor fuerza y prestigio, y si verían precisados a respetarlas, como lo hicieron constantemente hasta que la institución misma vino a menos, y estas asambleas degeneraron perdiendo su fuerza moral por razones que se explicarán más adelante. Desde el siglo doce empezaron a asistir a las Cortes además de los prelados y grandes, los procuradores de algunas ciudades en virtud de llamamiento de los reyes, siendo las de León en 1188 las primeras a que concurrieron en aquel reino, y las de Carrión, en el de Castilla en el mismo año. Reunidas por entonces las dos coronas de León y Castilla, tomó mayores fuerzas la monarquía, y sus Curias o Cortes se componían de las tres clases del Estado; clero, nobleza y pueblo. Las ciudades que se iban reconquistando de los moros recibían fueros o constituciones particulares, en que solían los reyes conceder muchos privilegios y franquicias a sus habitantes y a los nuevos pobladores, formando como otras tantas pequeñas repúblicas. Con derecho que también se les acostumbraba conceder de enviar sus procuradores a Cortes.

La primera nobleza a quien desde el principio de la restauración fueron dando los reyes exenciones, privilegios y ricos feudos hasta entonces desconocidos en España, se hizo muy prepotente y orgullosa, y aprovechándose de las minoridades de unos reyes, que por desgracia fueron demasiado frecuentes, y de la debilidad de otros, agitó por diferentes veces el reino con guerras civiles, para saciar su ambición, y ocasionó los mayores desastres y turbulencias. Enrique III y Fernando el Católico les cortaron los vuelos, y los reyes de la casa de Austria acabaron de humillarlos. Su excesivo influjo fue contrarrestado por el pronto con el voto de los concejos o ciudades en las Cortes: y los reyes deseosos de mantener cierto equilibrio comenzaron poco a poco a dejar de convocar ya a la nobleza, ya al clero, ya a una parte de las ciudades, regulando las juntas de Cortes a su arbitrio según las circunstancias, hasta que las dos primeras clases dejaron de ser llamadas en tiempo de don Carlos I, siendo las Cortes de Toledo en 1539, las últimas a que asistieron. Con lo dicho hasta aquí, y con no perder nunca de vista que a los reyes débiles se les habla de un modo y a los fuertes de otro, que aquellos inspiran en todas partes menosprecio, y estos causan respeto; se tiene la verdadera clave de la historia, y se adquiere idea exacta del gobierno castellano desde la fundación de la monarquía.

Al llegar a este punto, no quiero pasar sin hacer algunas ligeras observaciones sobre las doctrinas de don Francisco Martínez Marina, que después de hacer un prolijo estudio de nuestra historia, viene a convenir en los hechos que dejo sentados, aunque deduce diferentes consecuencias. Este escritor, aunque dice terminantemente en una obra impresa en 1808[11] que «el aparato y magnificencia del trono de los reyes godos, leoneses y castellanos no era más que sombra de su verdadera grandeza, la cual consistía en el supremo dominio, autoridad y jurisdicción que gozaban respecto de todos sus vasallos, hasta de las personas eclesiásticas:... que por leyes fundamentales los monarcas eran únicos señores, jueces natos a quienes solamente competía la suprema autoridad civil y criminal;... que la facultad de hacer nuevas leyes, sancionar, modificar, enmendar y aún renovar las antiguas habiendo razón y justicia para ello, fue una prerrogativa tan característica de nuestros monarcas, como propio de los vasallos respetarlas y obedecerlas:... que las Cortes no gozaban de la autoridad legislativa, como dijeron algunos, sino del derecho de representar y suplicar...» sin embargo publicó cuatro años después su Teoría de las Cortes, en que tomando un giro diametralmente opuesto, pretende probar que la Constitución hecha en Cádiz tiene su base y origen en las antiguas leyes de Castilla. Muy fácil cosa es contradecirse, pero es imposible tener razón en ambos casos. Al observar las investigaciones hechas por el señor Marina, los datos curiosos que ha recogido, y las frecuentes contradicciones en que incurre, no solo entre su primera y segunda obra, sino entre diferentes pasajes de esta misma, no se sabe cómo explicar semejante anomalía, a menos que aplicándole lo que se dijo de don Alonso el sabio cuya apología hace en su primera obra, «que ocupado en

---

11 *Ensayo histórico crítico de la antigua legislación de los reinos de León y Castilla*, págs. 40, 41 y 48.

mirar a las estrellas tropezaba con frecuencia en el suelo», se suponga que el trabajo mismo y atención de reunir los materiales y acaso la premura del tiempo, no le permitieron distinguir que lejos de llenar los huecos que se había propuesto, dejaban vacíos inmensos, y se dañaban unos a otros. El afán de encontrar razones reales o aparentes en que apoyar un sistema produce también muchos extravíos: así es como el autor (por contraerme a su Teoría de las Cortes) hablando de los concilios toledanos, dice que empezaban tratando de los asuntos de la iglesia, y luego pasaban a las materias políticas y civiles en cuyo caso «el congreso mudaba de naturaleza, y ya no representaba a la iglesia, sino a la nación y el estado».[12] Esta transubstanciación es muy difícil de comprender, y el nuevo modo de representación que supone el autor, no se parece seguramente al que apetece en el capítulo 22 al tratar de las elecciones de diputados. Hablando a cada momento en el discurso de su obra con grandes encomios de la constitución goda, de la constitución castellana, y de muchos y muy fuertes derechos fundados en ellas a favor de los pueblos, con no menos obligaciones impuestas a los reyes, dice en su apoyo en el capítulo 2.°:

Empero la celebración de Cortes en los acostumbrados y debidos tiempos, no era un acto de supererogación de los príncipes... ni los monarcas podían sin violar los más sagrados derechos dejar de convocarlas, omitirlas o retardarlas sin justa causa: era pues una de sus principales obligaciones y un derecho nacional... dimanado de los derechos del hombre en sociedad, de los principios esenciales de nuestra Constitución y del gobierno electivo, y de un pacto tácito entre reyes y súbditos, jurado solemnemente por ambas partes...[13]

Confieso que no entiendo lo que esto quiera decir, pero el que lo entienda, puede cotejarlo con el capítulo 5.° inmediato que empieza de esta manera:

---

12   *Teoría de las Cortes*, tomo I, cap. 2, pág. 10.

13   ...

La escasez de documentos y el descuido de nuestros antiguos escritores en ilustrarnos sobre éste y otros importantísimos puntos de la constitución política del reino, nos obliga a confesar con sinceridad que ignoramos si efectivamente hubo una ley positiva que fijase la celebración de Cortes en ciertos y determinados periodos.[14]

Si esta confesión estuviese realmente hecha con sinceridad, habría inducido al autor a no empeñarse en encontrarlo que no ha habido, a contentarse con afirmar aquello que puede ser demostrado, y a no forjar sistemas sobre cimientos de arena que se desvanecen con un soplo. Finalmente por no entrar en el fastidioso trabajo de citar otras contradicciones, me limitaré a decir que acompaña un tomo de documentos comprobantes, que, o nada significan, o prueban lo contrario de lo que el autor se propuso. Entre otros merece notarse una petición hecha por los procuradores de Cortes a don Juan II en Valladolid en el año de 1420. Hay que advertir que este príncipe es de los más débiles e ineptos que nunca ocuparon el trono: apenas tenía entonces quince años y acababa de salir de la minoría, si con verdad pudiera decirse que salió de este estado miserable durante su largo reinado; y era tan insignificante su autoridad, que en el mismo año se apoderó violentamente de su persona el maestre de Santiago en Tordesillas. Sin embargo los procuradores encabezaron así su petición:

Muy alto e muy poderoso príncipe, e esclarecido rey e señor: vuestros muy humildes súbditos, vasallos e servidores los procuradores de las ciudades e villas de vuestros reynos, que ante la vuestra real presencia somos venidos por mandado e llamamiento de vuestra Real señoría, con la mayor e mas humilde e debida reverencia que podemos, decimos etc.[15]

No necesito detenerme a demostrar que este documento es muy poco a propósito para probar la soberanía constitucional del pueblo castellano, ni quiero deducir otras consecuencias que se me ofrecen sobre las opiniones del señor Marina, porque a todo el mundo le ocurren sencillamente:

---

14 Ibíd., pág. 32.

15 *Teoría de las Cortes*, tomo 3, apéndice 2.°, pág. 29.

he querido solamente prevenirme contra la especie de desautorización que podría causar a mi escrito la reputación de aquel autor entre los que no han examinado a fondo sus obras.

Volviendo a la historia de la monarquía castellana, llegamos a una época en que se hicieron considerables variaciones en su gobierno, y fueron las siguientes:

1.º Los infantes, los grandes y los prelados cuyas clases, ya unidas ya separadas, habían formado constantemente el consejo de los reyes, comenzaron a perder esta prerrogativa, y desde el año de 1492 cesaron enteramente en su ejercicio, no habiéndoles quedado más que el título de tales consejeros que todavía conservan.

2.º Estas mismas clases que desde Recaredo hasta últimos del siglo XII habían formado exclusivamente los Concilios, Curias o Cortes, dejaron definitivamente de asistir a ellas desde el año de 1539.

3.º Las ciudades de voto en Cortes que eran más de ciento diez en el reino de Castilla, fueron reducidas a diecisiete, únicas que enviaron procuradores a las célebres Cortes, de Toledo de 1480; y a las no menos conocidas de Toro de 1505 concurrieron dieciocho ciudades inclusa Granada, cuyo número quedó fijado para las sucesivas. Más tarde se ha concedido voto en Cortes al reino de Galicia, formando el total de diecinueve.

4.º Se formó un nuevo consejo a quien no solamente se concedieron facultades consultivas, sino que se cometió el despacho y resolución de la mayor parte de los negocios del gobierno.

A estas innovaciones debe atribuirse la decadencia que poco después comenzó a experimentarse en la monarquía, cabalmente cuando reunidas las dos poderosas coronas de Aragón y Castilla, y enriquecidas con el descubrimiento de las Américas, debían haber mantenido por largos tiempos a la nación en el estado de prosperidad y abundancia. Pero la grande altura a que llegó el reino a principios del siglo XVI por efecto del buen gobierno de los reyes católicos don Fernando y doña Isabel, fue de tan corta duración, que pasó como el relámpago: solo el genio de estos reyes pudo desplegar los recursos y el poder de la nación hasta el más alto grado en medio del germen de su ruina que ya estaba sembrado.

El deseo que tuvieron los reyes de poner a raya la nobleza les hizo abatirla demasiado: no contentos con contrarrestar su influjo en las Cortes por medio de las ciudades y villas, la separaron absolutamente de estas asambleas, y lo mismo hicieron con el clero. De aquí resultó que sus deliberaciones y peticiones no llevaron ya el carácter de autoridad y respeto que antes inspiraban, y se hicieron de menos peso a los ojos del rey y del pueblo. Los monarcas se desdeñaron ya de asistir a las Cortes y en lugar de luces y consejo solo exigían de ellas servicios y auxilios pecuniarios: estas juntas compuestas solamente de los procuradores o del estado llano, no podían menos de propender a los extremos o de una sumisión despreciable, o de una osadía tumultuaria. El haber reducido a la sexta parte el número de los procuradores de los concejos, debió naturalmente disminuir la libertad en el hablar y representar, ofreciendo más facilidad para que el gobierno sacase partido de ellos con ofertas o con amenazas. Finalmente se determinó que los procuradores que enviasen las ciudades fueran precisamente regidores de ellas, y habiendo empezado poco después, a ser hereditarios estos oficios, es fácil concebir que rara vez tendrían los talentos, experiencia y autoridad que se requieren para servir de guía al rey en los negocios importantes del estado. Los desastrosos y largos reinados de don Juan II y Enrique IV y el haber puesto el consejo de Castilla la mano en materia de Cortes, bastaron para dejarlas aniquiladas.

De este mal nació otro mayor, cual fue el crear una porción de consejos que ocuparon hasta cierto punto el lugar que ya no podían tener las Cortes, y estos nuevos consejos entraron como de tropel, pues a principios del siglo XVII había trece en España, que son además del de Castilla, el de estado, el de guerra, el de la inquisición, el de órdenes militares, el de la corona de Aragón, el de Italia, el de Portugal, el de la real cámara, el de hacienda, el de Indias, el de cruzada y el de Flandes, sin contar el de Navarra y el de Cantabria, y una infinidad de juntas encargadas de diferentes negociados. Por donde se ve que el gobierno de la nación mudó enteramente de aspecto poco antes de que empezase a decaer, y no hay que buscar otro origen de su ruina. Cuan vicioso sea el sistema de la multiplicación de consejos, no necesito demostrarlo: basta observar que no puede haber unidad, armonía, ni centralidad en la marcha de los negocios, y que entre los intereses del rey y de los súbditos hay la gran diferencia de que aquel mirando por el bien general, procura por el suyo particular pues están ligados, al paso que los otros tienen casi siempre su interés privado en oposición con el público, y no dejarán de atenderlo siempre que la complicación de resortes en la gran máquina del Estado les ofrezca ocasiones de hacerlo a su salvo. Nunca ha sido el rey peor aconsejado que cuando más consejos ha tenido. Tan persuadidos están la mayor parte de los soberanos de Europa de la importancia de la unidad en el gobierno, que la han adoptado entre sus ministros para que no hagan prevalecer sus miras encontradas, sujetándolos a cierta dependencia de un primer ministro o ministro universal. El mismo sistema teníamos antiguamente en España, cuando no había más ministros ni secretarios del despacho que el chanciller, de quien dependían inmediatamente los protonotarios de las provincias, y de éstos los notarios.

Pero los males arriba indicados se hacen mucho más inevitables y de mayor trascendencia, cuando aquellos cuerpos tienen la facultad de gobernar por sí mismos sin contar con el soberano, como sucede con el consejo de Castilla, que goza las facultades de aconsejar, juzgar y hacer leyes. Es tan monstruosa la planta de este cuerpo, que no temo aventurarme si digo que ella sola bastaría para arruinar cualquier nación donde se estableciese; y por ser este punto a mi entender el más importante que en el día puede presentarse relativamente al gobierno de España, voy a demostrarlo con algún detenimiento, aunque parezca difuso: algo se ha de escarbar para dejar al descubierto la raíz de nuestras desgracias, pues que el conocimiento de los males viene a ser el principio de su remedio.

Del consejo de Castilla

En los diez siglos transcurridos desde el principio de la monarquía hasta el XIV, el consejo público y conocido del rey se compuso constantemente y sin variación sustancial de los infantes y grandes o ricos hombres, y de los principales empleados de la corté juntamente con los prelados, aunque estos no podían ejercer de continuo sus funciones por hallarse ordinariamente en sus diócesis respectivas. Con consentimiento de los magnates: con conocimiento de todos los sacerdotes santos de Dios y de los oficios palatinos: con aprobación de los sacerdotes y mayores de palacio, despachaba el rey los negocios graves del estado, según se expresaba en diferentes leyes del fuero juzgo o código visigodo, y en otras de los reyes de León y Castilla. Como después de la restauración de la monarquía la casualidad del nacimiento colocó sobre el trono algunos príncipes tan poco a propósito que no lo habrían alcanzado por libre elección, y como los grandes aumentando diariamente de poder con nuevos señoríos de tierras y vasallos, llegaron a hacer sombra a la majestad real, la deprimieron no pocas veces, y anduvieron con mucha frecuencia divididos en bandos y parcialidades; es natural que faltándoles la justa dependencia que habían tenido en tiempo de los godos, hubiese muchas interrupciones en su ejercicio de aconsejar al rey, y que éste se valiese únicamente de aquellos que eran de su confianza y devoción, y aún, que admitiendo temporalmente en su consejo personas de la tercera clase, de quienes servirse con utilidad, lo mismo que se verificó en la concurrencia a las Cortes. En las de Burgos de 1567 don Enrique II deseoso de aumentar su popularidad para destronar a su hermano don Pedro, otorgó a los procuradores de las ciudades la admisión de doce homes bonos o del estado llano en su consejo, gracia que no tuvo efecto permanente, pues fue reclamada en otras varias Cortes sucesivas.

Pero la grande innovación hecha en el consejo fue la de don Juan I en las Cortes de Valladolid de 1385, en términos de que pasa por su fundador, y lo es efectivamente del que hoy existe, pues aunque algunos autores quieren que S. Fernando haya fundado este cuerpo sin otro objeto que honrarlo, carecen de todo fundamento, y lejos de tener tan noble origen, lo tiene en una de las épocas más calamitosas y humillantes que ofrece la historia de Castilla. Derrotado completamente por los Portugueses en la batalla de Aljubarrota, amenazado por los Ingleses que, apoderados de una parte de Francia se disponían a invadir el territorio español, destituido de aliados y recursos, y afligido también por otras desgracias domésticas, juntó el rey Juan Cortes en Valladolid con la mayor celeridad, se presentó en ellas vestido de luto, hizo un razonamiento muy lastimoso, y después de otras cosas concluyó así:

Ordenamos un consejo, el cual continuadamente andoviese con nusco en cuanto non estoviesemos en guerra o lo más cerca de nos que ser pudiere; el cual consejo fuese de doce personas, es a saber, los cuatro perlados e los cuatro caballeros e los cuatro ciudadanos; e son estos que se siguen: el arzobispo de Toledo, e el arzobispo de Santiago e el arzobispo de Sevilla, e el obispo de Burgos, e el marqués de Villena, e Juan Furtado de Mendoza, e el Adelantado Pedro Suarez, e don Alonso Fernandez de Montemayor, e Juan de San Juanes, e Ruy Pérez Esquivel, e Ruy González de Salamanca, e Pedro Gómez de Pennaranda. A los cuales mandamos que libren todos los fechos del reyno salvo las cosas que deben ser libradas por la nuestra audiencia, e otrosí las cosas que nos reservamos para nos, las cuales son éstas... (Vienen a reducirse a la provisión de empleos de casa real y los más principales de gobierno y judicatura del reino, real patronato, limosnas, gracias y perdón de homicidas.)

Aún estas cosas manifestó que quería despacharlas con dictamen de dichos consejeros, y que solo para ellas pondría su firma. Esta es la primera vez que los reyes de Castilla se han desprendido del ejercicio de su soberanía, confiándolo al nuevo consejo que más bien podría llamarse junta de gobierno, pues además de concedérsele voto consultivo en todos los negocios que iban a parar al soberano, se le dio también el deliberativo en la mayor parte de ellos, pudiéndolos librar, esto es, despachar por sí mismo y sin dar cuenta a nadie. De aquí resultó un gobierno imperfecto y monstruoso, pues aunque el rey dijo que se había propuesto imitar el ejemplo de Moisés que por persuasión de Jethro repartió el peso del gobierno entre los principales varones de Israel, se deja conocer que ni la planta del consejo se pareció en nada al mando jerárquico establecido en el pueblo hebreo que iba descendiendo desde la tribu hasta la decuria, ni las circunstancias del reino de Castilla se asemejaban a las de aquellos peregrinantes del desierto.

Lo cierto es que esta institución desusada y desconocida en todos los siglos anteriores, como lo es hoy en las demás naciones, fue efecto del apuro y conflicto de las circunstancias, y no pudo ir acompañada de la calma y reflexión necesarias para hacer una variación de tanta trascendencia en el régimen del gobierno. Cuatro fueron las razones en que fundó el rey la creación del nuevo consejo: la premura y trances de la guerra, el evitar que se dijese que obraba sin consejo, el acallar a los que decían que no empleaba bien las contribuciones, y la consideración de que su falta de salud no le permitía despachar por sí los negocios Todas estas razones eran temporales, y la creación del consejo fue evidentemente provisional como lo indican aquellas palabras: en cuanto non estuviésemos en guerra; pero es muy curioso observar cómo los consejeros supieron irse arraigando, como los letrados o togados han ido ingiriéndose en el consejo hasta quedarse solos, y cómo han aumentado, de día en día de poder y autoridad.

La causa principal de no haber sido extinguido el consejo cuando cesaron los motivos temporales su creación, debe atribuirse a que el rey don Juan I continuó enfermo y disgustado del gobierno los cinco años restantes de su vida, a que su hijo don Enrique III cuando saltó de la minoría comenté a ser valetudinario y enfermizo, y lo fue durante su corto reinado; y así lejos de extinguir el consejo oreado por su padre, lo confirmó dándole ordenanzas en 1406, y mandó en su testamento que continuase con las mismas personas en la minoridad de su hijo don Juan II que concluyó en 1419. Arraigado el nuevo consejo con una prescripción de treinta y cuatro años, nadie se acordó de su origen y causas de su creación: y sus individuos apoderados de una gran parte del gobierno, fueron disminuyendo la influencia del primitivo consejo de grandes y prelados, cuya sombra todavía se conservaba, hasta que en el mismo siglo consiguieron excluirlos enteramente de la calidad de tales consejeros, como queda sentado más arriba.

Es una verdad generalmente reconocida y muy acreditada por la experiencia, que los súbditos obedecen con gusto las órdenes del rey cuando entienden que dimanan de su propia determinación, pero con gran disgusto y repugnancia cuando se figuran que los ministros y primeros empleados toman el nombre del rey para mandar lo que ellos quieren, y mucho más si mandan por sí mismos aunque sea con facultades delegadas. Así es que el nuevo consejo gubernativo no debió ser reconocido con gusto ni bien obedecido, especialmente por los individuos del antiguo, porque en las ordenanzas de don Enrique III de 1406 se previene a los prelados, duques, condes, ricos-hombres, etc., que obedezcan y cumplan las cartas libradas por los del consejo, disposición que fue confirmada en las ordenanzas de don Juan II de 1442 y de los reyes católicos de 1480.

Esta ordenanza que ha sido cuidadosamente insertada en todas las recopilaciones de leyes, se ha hecho valer mucho por el consejo y sus dependientes dando una extensión forzada a las palabras: «obedezcan y cumplan las cartas que fueren libradas por lo del nuestro consejo tan cumplidamente como si fuesen firmadas de nuestros nombres...» pues se ha pretendido inferir de ellas que aquel cuerpo tiene igual autoridad y la misma suprema y ordinaria jurisdicción que compete al soberano, y que de consiguiente puede hacer todo cuanto el rey mismo, así en razón de promulgar leyes como en todo lo demás, y señaladamente avocar a sí causas pendientes en las chancillerías o audiencias, cuya facultad le está por el contrario inhibida expresamente por los reyes católicos en la ley 4.°, tit. 2.°, libr. 4.° del ordenamiento real, ley que el consejo ha tenido cuidado de no insertar en las recopilaciones desde la de 1567, sin duda porque coartaba sus facultades.

Volviendo a la historia de las personas que desde su principio han compuesto el consejo, es de advertir que su fundador solo le dio el gobierno, no la facultad de juzgar, pues dijo que lo instala con el fin de «tener más tiempo para hacer justicia, la cual estaba muy menguada en el reino», y lo privó expresamente de entender en las cosas que debían ser despachadas por su audiencia que era entonces el tribunal supremo y el único colegiado de la monarquía, y después se llamó también Chancillería por residir en casa del chanciller. Hemos visto que en la planta primitiva del consejo se señalaron cuatro prelados, cuatro caballeros y cuatro ciudadanos, sin haberse admitido doctores en leyes sin embargo de la grande consideración que entonces tenían. El estudio del derecho romano se había extendido por toda Europa en el siglo anterior, que fue el XIII, y héchose tan de moda, que algunos soberanos lo adoptaron sin restricción, otros en muchos puntos, y todos miraron con entusiasmo a los maestros de leyes y los protegieron y honraron sobremanera, especialmente nuestro don Alonso el sabio que les concedió muchos privilegios. Abandonada la sencillez del derecho patrio, e introducido el fárrago, la complicación y las fórmulas de las leyes romanas, se miraron como oráculos los que las profesaban, siendo consultados por todos, así vasallos como soberanos: los negocios públicos y diplomáticos de nación a nación empezaron a tratarse por medio de jurisconsultos, alegando y conferenciando éstos el derecho que a cada una competía, a la manera que hoy se hace en los pleitos, de lo cual podrían citarse muchos ejemplares. Esta importancia que entonces se daba a los juristas les abrió la puerta para introducirse en los palacios, en los consejos y en las Cortes, aunque no eran más que unos asesores, y no se mezclaban en asuntos de gobierno, sino en dar su dictamen en los de derecho. Cuando el rey don Pedro IV de Aragón fue en 1345 a la conquista de Mallorca, llevó cuatro jurisconsultos de su consejo según Zurita;[16] y el rey de Castilla don Juan I, fundador del consejo, admitió por la primera vez otros cuatro en su palacio en 1387, con objeto de que viesen los memoriales, y enviasen a la audiencia los que eran de justicia, y los demás a los secretarios del rey o al consejo para que fuesen despachados. Don Enrique III fue el que introdujo doctores juristas en el consejo con la referida calidad de asesores, no como tales consejeros, que estos lo resistieron constantemente, y así es que no los incluyó en el número de los doce señalados en su planta.

En 1442, ya de los doce consejeros cuatro eran letrados, y los demás dos o tres obispos y cinco o seis caballeros, según aparece de las ordenanzas dadas en aquel año por don Juan II. En ellas se mandaba que para la consulta y suplicación de prelacías y dignidades votasen además de los individuos del consejo, otros tres eclesiásticos de fuera que se nombraron por razón de sus dignidades: cosa muy justa y racional, pero como esta novedad limitaba las prerrogativas del consejo tal como está, ha omitido la inserción de aquella ordenanza en todas las recopilaciones de leyes, y habiendo excluido a los eclesiásticos, han venido a quedar solos los togados para consultar todas las dignidades de la iglesia. En las ordenanzas de 1459 dobló el rey don Enrique IV el número de juristas, estableciendo que el consejo se compusiese de dos prelados, dos caballeros y ocho letrados; y así vino a permanecer hasta que Felipe II por la ley de la recopilación de 1567, título del Consejo del rey, estableció que residiesen en él un presidente y dieciséis letrados: a fin del siglo siguiente se aumentaron hasta veinte, y a mitad del pasado hasta veinticinco, todos juristas, que es la planta actual del consejo de Castilla.

Que este consejo haya tenido por fundador a san Fernando componiéndolo de doce letrados, como han publicado algunos consejeros y otros escritores, es absolutamente inexacto, pues su origen es el arriba manifestado: en tiempo de aquel santo rey no había doctores juristas ni grados académicos en España, pues la universidad literaria de Salamanca la fundó su hijo don

---

16   *Anales de Aragón*, lib. 7, cap. 67.

Alonso el sabio en 1254; y si bien es cierto que la de Palencia existía desde 1208, no tenía profesores de derecho civil ni canónico. Letrados se llamaban por aquel tiempo los que sabían de letras, es decir, materialmente leer, y eran tan escasos, que la ley 18, tít. 9, partida 2, escrita poco después, dice así:

> Los Jueces que han de juzgar en la corte del rey, tienen muy grande oficio, porque no tan solamente juzgan los pleitos que vienen ante ellos, más aún han de juzgar los otros jueces de la tierra... e si supieren leer o escribir, saberse han mejor ayudar de ello, porque ellos mismos se leerán las cartas o las peticiones e las pesquisas de prioridad...

Ni es de extrañar que esto sucediese en España que era quizá la nación más ilustrada de Europa, cuando después de un siglo cabal en 1358 se instituyó en Francia un consejo de tres individuos para auxiliar al Delfín regente del reino, con la condición de que firmasen las órdenes de éste, o pusiesen sus sellos si no supiesen escribir.

Extinguido completamente el primitivo consejo del rey, compuesto de los grandes y prelados, quedó pacíficamente en su lugar el creado provisionalmente en 1385 llamado hoy por antonomasia consejo real y supremo, o bien consejo de Castilla: pero no permaneció solo muchos años, pues ya el rey católico don Fernando V tomaba parecer en asuntos gubernativos de otras personas o juntas provisionales, y don Carlos I instituyó en 1526 el consejo de Estado compuesto de ocho individuos de la primera jerarquía para aconsejarle en negocios de estado y guerra. Su hijo don Felipe II creó por separado el de guerra en 1586, y muy luego vino la multitud de consejos de que queda hecha mención.

Acabamos de ver como los letrados fueron ingiriéndose en el consejo y ganando, a palmos, el terreno hasta quedarse solos para aconsejar y gobernar: veamos ahora como lograron apoderarse de las facultades de juzgar y de hacer leyes y promulgarlas en su nombre.

Desde que don Enrique III introdujo juristas en el consejo, principió este a mezclarse en negocios judiciales, comenzando por inspeccionar y celar que los tribunales administrasen justicia. En las ordenanzas de 1442 consiguieron ya los doctores del consejo entender en los fechos de justicia tocantes contra las personas de estado, logrando el triunfo de hacerse jueces de los grandes, y tenerlos así dependientes. Mas no se limitaron sin duda a aquellas causas, pues en el mismo año mandó el rey a petición de las Cortes de Valladolid, que se remitiesen a su audiencia o chancillería los pleitos pendientes en el consejo, menos los que debiesen verse en él. No se contuvieron por eso los consejeros juristas, y aumentados en 1459 hasta componer las dos terceras partes del consejo, conocían de tantos pleitos, que en las Cortes de Ocaña de 1469 se le llama Consejo de Justicia. En 1485 mandó la reina doña Isabel que pasasen a la chancillería los pleitos que acostumbraban remitirse al consejo para que éste quedase desembarazado y pudiese entender en las cosas de su peculiar atribución; sin embargo de lo cual continuó en oír pleitos en términos que a la muerte de dicha Reina católica admitía demandas aun en primera instancia, lo que se le prohibió por don Felipe I en las Cortes de Valladolid de 1506. Don Felipe II quiso también que el consejo se dedicase a los negocios de gobierno por ser accesorios los pleitos, pero es bien seguro que si este abuso no ha ido hasta aquí en aumento, por lo menos no ha tenido ninguna enmienda.

Pero en lo que más ha adelantado el consejo aunque más lentamente por exigirlo así la dificultad de la empresa, ha sido en materia de legislación. En los primeros siglos de la monarquía no tuvieron los reyes Godos, Leoneses y Castellanos otros cuerpos de quien aconsejarse para hacer leyes, que los concilios mixtos de aquellos tiempos, a que sucedieron desde el siglo XII las Cortes, compuestas por lo general de las tres clases o brazos del estado. Pero el consejo de Castilla, luego que se vio con suficiente poder y autoridad, supo irse sustituyendo a las Cortes en materias legislativas, y de ahí les vino el golpe fatal a estas augustas asambleas, cuyos cimientos fueron minados con la ayuda del tiempo y de la astucia.

Hay sin embargo una gran diferencia entre el consejo y las antiguas Cortes de Castilla, y es que éstas jamás hicieron ni pretendieron hacer acuerdos algunos con fuerza de ley, ni que el soberano después de sancionarlos como tales los publicase y encabezase a nombre de ellas: solo le proponían y suplicaban se dignase establecer y mandar aquellas cosas que creían convenientes al bien general, y así es que sus acuerdos estaban concebidos en el estilo y tono humilde de suplicas o peticiones que así se llamaban; y si alguna rara vez se separaron de este humilde lenguaje, fue en las minoridades de los reyes respecto a sus regentes o tutores, pero aun entonces se expedían las leyes a nombre del rey menor, no pudiendo citarse un solo caso de que las Cortes por sí mismas y sin la sanción real promulgasen alguna ley. Mas el consejo no solo publica y circula las verdaderas leyes procedentes de la voluntad de S. M., sino que ha aspirado y conseguido que sus deliberaciones y acuerdos llamados autos acordados, tengan también el nombre y fuerza de ley.

En los 147 años transcurridos desde la creación del consejo hasta el de 1532, no expidió semejantes autos acordados, o a lo menos no los presentó al público para su observancia: la primera colección de ellos se imprimió en 1649 y comprende 276 autos desde 1532 hasta 1648, no habiendo el rey dado autoridad alguna a esta colección, si no que se imprimió de orden del mismo consejo, porque solo contenía disposiciones relativas a los ramos de su dependencia, a la manera que las audiencias, corregidores y alcaldes hacen sus acuerdos y expiden sus autos de buen gobierno en el distrito de su jurisdicción: por lo cual no se pensó en insertarlos en la recopilación de leyes de 1567 ni en las cuatro siguientes. En la de 1720 ya dio el consejo el primer paso para que sus acuerdos anduviesen a la par de las leyes, añadiendo a los tres tomos de la recopilación el 4.º de los autos acordados por el mismo sin la sanción del soberano: en las de 1745 y 1775 se adelantó un poco más disponiendo la colección de los autos acordados, no por orden cronológico como antes, sino por el de materias y por los mismos libros y títulos que las leyes, y finalmente en la de 1805 logró el consejo dar el último paso igualando en un todo sus acuerdos y poniéndolos al nivel de las leyes dadas por el rey. Con efecto se mezclaron e interpolaron promiscuamente bajo el nombre de leyes así las que realmente lo eran, como los acuerdos del consejo, y aunque estos no tienen otra fuerza que la voluntad del señor don Carlos 4.º, que así los mandó insertar aprobándolos por una real orden, se han puesto, no a nombre del rey sino del consejo, novedad injuriosa a la soberanía. ¡Cosa bien extraña! Las leyes formadas en los Concilios de Toledo, las hechas posteriormente en Cortes o a propuesta del primitivo Consejo, se expidieron constantemente a nombre del rey sin embargo de las muchas consideraciones que se merecían aquellos cuerpos esclarecidos, y los consejeros de Castilla que son unos meros asalariados del rey para que le aconsejen, cuyos empleos y sueldos están siempre pendientes de la voluntad de S. M., son los únicos que han llegado a expedir leyes a su propio nombre, y a degradar la autoridad real de un modo tan chocante como se ve por los encabezamientos siguientes: El Consejo pleno por auto acordada de 1.º de octubre de 1784.—El consejo por autos consultados de 13 de octubre de 1541 y 23 de diciembre de 1591.—El consejo por auto acordado de 8 de octubre de 1748, y don Carlos 4.º por resolución a consulta de 18 de diciembre de 1804.—Don Carlos 3.º por resolución a consulta y cédula del consejo de 13 de noviembre de 1766, etc.; donde se ve que además de suponerse el consejo igual o superior al rey por todos respetos, ha puesto cuidadosamente las fechas de sus consultas a S. M. sin hacer caso de la real resolución, ni insertar siquiera su fecha, como si no fuera necesaria, o como si la simple consulta del consejo tuviera ya por sí fuerza de ley. Pero nada de esto deberá parecer extraño si se atiende a que en una obra dedicada al consejo e impresa con su aprobación[17] se dice tratando de la consulta que se acostumbra hacer al rey el viernes de cada semana:

Siempre que S. M. se hallaba ausente, en virtud de tácito permiso ejecutaba el Consejo lo mismo que cuando se consultaba con la real persona estando presente, y se expedían los despachos con el aditamento de visto y consultado con S. M.

¡Qué puerta tan ancha no supo encontrar el consejo para expedir tantas leyes como viernes tiene el año, escudándose con el nombre del soberano cuando no tuviese por conveniente dar el suyo!

Según esto, la historia de nuestra legislación puede reducirse a dos épocas: la primera comprende once siglos y medio hasta el reinado de Felipe II, en que el consejo comenzó a componerse de solo juristas; y la segunda abraza los dos siglos y medio siguientes. En la primera el rey fue constantemente el legislador único en materias generales y particulares, así de hecho como de derecho, y siempre en su nombre aunque a petición y consulta de

---

17   Salazar, Colección de memorias y noticias del Consejo, pág. 289.

los obispos, grandes y procuradores del reino: en la segunda el consejo de Castilla ha sido constantemente el legislador de las ordenanzas o leyes particulares, y en cuanto a las generales, puede decirse a vista de sus autos acordados, de sus consultas, y de la intervención que ha tenido en las recopilaciones, quede hecho ha sido autor de casi todas las leyes, y de muchas hasta en el nombre.

Queda demostrado por qué medios ha logrado el consejo ponerse en posesión de juzgar y hacer leyes: en cuanto a los negocios gubernativos que están a su cargo, han tenido un aumento extraordinario desde su creación; entiende en los propios y arbitrios de todos los pueblos, los pastos y tasa de yerbas, los montes, plantíos, caminos, puertos, hospitales, teatros, agricultura, ganadería, universidades, imprentas, y en casi todos los demás ramos de gobierno del reino sin contar las comisiones especiales de los consejeros, que son numerosísimas, de modo que en la obra arriba citada emplea Salazar 25 páginas en folio para enumerar las atribuciones gubernativas que tenía en 1764, además de otros ramos particulares como los patronatos, que son infinitos. Si además de todo esto tiene el consejo que entender precisamente en aconsejar al rey cuando fuere necesario, y en consultar todos los destinos eclesiásticos y civiles de la nación; ¿cómo es posible que 25 personas ancianas por lo común, puedan dar vado a tantos y tan graves negocios? Así es que los expedientes se eternizan en el consejo; y siendo todo esto indudable, ¿a qué buscar otras causas de nuestra ruina, teniendo a la vista una tan grande y evidente? Las hay con efecto, pero todas penden de ésta, porque todas pueden removerse con un buen sistema de gobierno.

Si después de esto se hubiese de tratar de las utilidades o daños causados al estado por las ordenanzas, reglamentos y leyes hechas o consultadas por el Consejo, sería una obra interminable aunque utilísima. Baste decir en general que ha dominado sobremanera en este cuerpo el espíritu reglamentario, metiéndose en todo, y queriendo dirigir por sí mismo todos los ramos de agricultura, industria, comercio y demás, en que debiera haber dejado obrar al interés individual que es quien produce la riqueza pública; pero muy al contrario ha sido éste atacado de mil maneras en todos ramos. Las leyes, por ejemplo, que prohíben o dificultan el rompimiento de las tierras han atrasado la agricultura, las que prohíben la extracción del mucho dinero venido de la América encareciendo nuestros géneros un ciento por ciento sobre los extranjeros, destruyeron las artes, y las que tasaron el precio de toda producción, artefacto y trabajo, aniquilaron también nuestro comercio.

Si se examinan las leyes relativas a la imprenta, se verá que en 1480 y 1502 se habían tomado muy sabias disposiciones para impedir la introducción y circulación de los malos libros, fomentando la de los buenos; pero luego que este negociado pasó al Consejo, consultó a la princesa. Doña Juana, gobernadora del reino a fines de 1558 la carta acordada con fuerza de ley que es la tercera, libro octavo, título dieciséis de la Novísima Recopilación, por la cual se mandó entre otras cosas, que nadie imprimiese libro alguno sin examen y aprobación del Consejo bajo pena de muerte y de confiscación de bienes, ni los introdujese ni aun de Aragón, Navarra, Valencia etc. sin previo permiso bajo la misma pena. Para conseguir la licencia de imprimir un libro, es preciso seguir trámites muy prolijos, y lo mismo para la reimpresión aunque haya obtenido anteriormente las licencias necesarias, de manera que viene a costar los mismos o más gastos, vejaciones y diligencias que seguir un pleito en el Consejo; y como no hay cosa más agradable a las letras que la quietud, no es de extrañar que los verdaderos sabios huyesen de aquel estrépito y bullicio forense. Otra traba de la imprenta es la tasa del precio de los libros, práctica que el Consejo ha llevado en rigor, aunque los precios han sido siempre arbitrarios, y se nota que ha tasado constantemente a más alto precio las impresiones de Recopilaciones y Pragmáticas hechas por cuenta suya, a pesar de tener asegurado el despacho por órdenes circuladas a todos los pueblos.

A vista de esto no parecerá extraño que desde fines del siglo dieciséis no haya producido la España aquel cúmulo de sabios que florecieron en el reinado de los reyes católicos y fueron la admiración de la Europa, ni menos se extrañará ver tantos libros en castellano impresos en París, Lion y otras ciudades extranjeras.

Si ahora se da una ojeada sobre todo lo que va dicho, parecerá increíble que un cuerpo provisional creado en tiempo de conflicto solo para auxiliar al rey en el gobierno del reino de Castilla, a que no pedía atender por sí mismo a causa de su enfermedad y de los cuidados de la guerra, o bien un consejo volante para acompañarlo en las jornadas según la expresión de uno de los más ilustrados consejeros de Castilla y más celosos de la antigüedad y prerrogativas de este tribunal,[18] haya podido no solo perpetuarse, sino también extender su autoridad hasta tal punto, que se diga igual o la misma que la del rey en el orden judicial como en el legislativo y gubernativo. La causa de tan extraordinario engrandecimiento debe buscarse en la minoridad de algunos reyes, en la condescendencia de otros, y principalmente en un mal entendido amor a la justicia, pues respetando religiosamente las sentencias dadas por dicho cuerpo como tribunal, han creído sin duda que debían respetar del mismo modo todas sus deliberaciones y consultas.

Dice muy bien a este propósito nuestro gran político Saavedra en la empresa cincuenta y cinco lo siguiente:

En reconociendo los consejeros que son árbitros de las resoluciones, las encaminan a sus fines particulares, y cebada la ambición, se dividen en parcialidades, procurando cada uno en su persona aquella potestad suprema que por flojo o por inhábil les permite el príncipe.

En la empresa cincuenta y siete dice también de los mismos:

que en reconociendo flojedad en el príncipe y que los deja mandar, procuran para sí la mayor autoridad, crece entre ellos la emulación y soberbia, y cada uno tira del manto real y lo reduce a girones.

Esto es lo que se ha verificado en España, cuyos soberanos lejos de haber aumentado su autoridad en los tres siglos últimos como cree Mably y otros varios escritores, se han desprendido de ella en favor del consejo, por donde nuestro gobierno de monárquico que era y es de derecho, ha venido a ser de hecho un mixto de monárquico y aristocrático o cosa parecida. El mismo Saavedra que como consejero de Indias debía conocer a fondo los abusos que se introducen en los consejos, proponía que cada diez años se formase en Madrid un congreso de personas respetables, porque

---

18 Don Pedro Cantos Benítez, *Escrutinio de monedas, discurso preliminar.*

no hay, decía, república tan bien establecida, que no deshaga el tiempo sus fundamentos, o los desmorone la malicia y el abuso: ni basta que esté bien organizada cada una de sus partes... porque si no se renuevan, se envejecen y mueren los reinos.

¿Cuántos abusos no se habrán introducido y entronizado en un consejo que lleva tres o cuatro siglos de predominio?

Uno de los más graves consiste en la práctica que allí se sigue al despachar los negocios. Luego que llega el expediente se pasa a uno de los fiscales, que suelen valerse en gran parte de los agentes fiscales, y estos de sus pasantes o practicantes de abogado; y como ni los fiscales por los muchos dictámenes que se les piden, pueden enterarse a fondo sino muy por mayor de lo que despachan los agentes a sus pasantes, ni los consejeros por sus muchos negocios y comisiones pueden tampoco hacerlo de lo que proponen y firman los fiscales, pasando gradualmente unos por la fe de los otros; sucede comúnmente que el Consejo se conforma con el dictamen del fiscal que en realidad no es suyo, y en último resultado la consulta que se dice del Consejo no tiene a ser sino del fiscal, o del agente fiscal, o acaso de su pasante. Y de este modo una persona que no tiene consideración alguna política, es en realidad un legislador; de donde viene que se diga comúnmente, que los asuntos más arduos de la monarquía se despachan en las guardillas, y que los escribientes de los agentes fiscales del Consejo gobiernan el reino.

Otro abuso es, que en el despacho de los negocios tienen siempre la preferencia los que son activados por las partes interesadas, ya porque pagan derechos, ya porque se valen de otros resortes, al paso que quedan abandonados los que se promueven de oficio, y son cabalmente los que más de cerca tocan al interés general. Se rompe por ejemplo, el arco de un puente, recurre el intendente de la provincia al Consejo a fin de que lo autorice para reedificarlo a costa de los pueblos, y se pasan tantos años sin que recaiga resolución, que por no haber acudido con tiempo a hacer un pequeño gasto, llega a arruinarse completamente la obra. ¡Cuántos y cuántos ejemplares parecidos hay en toda España! También es una práctica abusiva la de que en los informes o consultas pedidas por el rey al Consejo, tenga el interesado que acudir a activar su despacho y satisfacer los derechos que se le exigen aunque nada haya solicitado del Consejo, como si fuese un pleito, y como si aquellas diligencias debiesen valer más que el cumplimiento debido a una orden del soberano; siendo lo peor, que no pocas veces mueve y paga el pobre interesado a los agentes subalternos para que el Consejo sin enterarse siquiera del negocio, le estampé un informe adverso aun en materias graciables, que destruya todas sus esperanzas.

Tales son los procedimientos con que el Consejo de Castilla gobierna los pueblos, y aconseja al Soberano; en vista de los cuales casi es inútil indicar que no es posible lo haga con oportunidad y acierto. «Tarde se ha de deliberar, dijo Aristóteles, y presto se ha de ejecutar lo deliberado»; y según la opinión de un sabio moderno se requieren tres cosas en las resoluciones; prudencia en deliberarlas, destreza para disponerlas y constancia para acabarlas. Querer aplicar estas máximas a la práctica que observa el Consejo, sería lo mismo que echar por los cerros de Úbeda, y perder el tiempo inútilmente.

Por último, si lo dicho hasta ahora necesitase de confirmación, citaré la autoridad del célebre ministro marqués de la Ensenada, que en 1751 presentó a S. M. una memoria proponiendo medios para adelantar la monarquía y buen gobierno de ella; memoria que se dio después a luz aunque parece que no se permitió imprimir la parte que trata del consejo de Castilla. En ella confirma lo principal de cuanto va expuesto, y dice que el mismo consejo, en consulta hecha a fines del siglo precedente había confesado sustancialmente que de gobierno, policía y economía de los pueblos no entendían sus ministros, porque siendo materias que las enseña la práctica, carecían de ella en su carrera de toga y pedían al rey que se les relevase de estos cuidados para poder atender a la administración de justicia. Añade, aquel celoso ministro que en efecto los pueblos carecen enteramente de gobierno, policía y economía, y propone a S. M. que se deje al Consejo de Castilla con solo lo de justicia civil y criminal, patronato y cuidado de la jurisdicción real, repartiendo el gobierno y policía de los pueblos entre ministros; que respondiesen inmediatamente a S. M.

Una reflexión muy sencilla ocurre después de esto, y es, si desde tan antiguo ha reconocido el Consejo mismo su insuficiencia para dirigir los negocios gubernativos de los pueblos, ¿qué será en el día que se han hecho mucho más complicados? Los verdaderos principios de economía política que se van poniendo al alcance de todas las clases, han debido abrir los ojos sobre el uso bien entendido de los capitales, y modo de aumentar, los valores; los nuevos y diarios descubrimientos de la química han adelantado extraordinariamente las artes y abierto manantiales desconocidos de riqueza, y es tal la ostensión de que es susceptible la industria y de tanta importancia, que en casi todas las naciones de Europa se ha establecido un ministerio encargado especialmente de su fomento y dirección. Por lo mismo y sin desconocer que el Consejo de Castilla ha tenido en su seno hombres eminentes, y haciendo justicia a la probidad y desinterés de los individuos que lo han compuesto en los últimos años y actualmente lo componen, no puede ocultarle a nadie que es absolutamente imposible que dirijan con acierto; tan vastos ramos en que se necesitan profundas y muy variadas nociones de ciencias, que son enteramente extrañas a la carrera de la judicatura. Con la añadidura de que aun cuando los ministros del Consejo tuviesen el don privilegiado de dirigir acertadamente materias delicadas que no entienden, ni está en el orden que las entiendan; sus demás encargos y atribuciones no les dejarían tiempo para ello, ni se lo permitiría el mal sistema que se sigue por sus subalternos en el despacho de los negocios.

Reasumiendo en muy pocas palabras, resulta que el actual régimen de gobierno de los pueblos de la monarquía es malo, malísimo; y con la autoridad del marqués de la Ensenada podrá añadirse que es ninguno: fácil es colegir que siendo tal el gobierno, a él debe atribuirse la principal parte de la decadencia de nuestra población, cultivo, comercio, real erario, ejército y marina.

Del decreto de 4 de mayo de 1814

A los males causados por un antiquísimo régimen de mal gobierno, agravados por la privanza del valido que abusó dé la bondad del señor don Carlos IV, deben añadirse dos nuevas calamidades que afligían a la nación en 1814; 1.º el trastorno y empobrecimiento general causado por una guerra cruel y destructora que por seis años había afligido y asolado las provincias, y 2.º la falta de caudales procedentes de América, con que el gobierno había contado constantemente para cubrir sus obligaciones, y que no solo originaban el descubierto de más de 500 millones de reales anuales, sino que era preciso además hacer armamentos y equipar expediciones para reducir una gran parte de las posesiones ultramarinas que andaban alborotadas. Si para detener el curso de la decadencia de una nación se necesita un gobierno sabio, perspicaz y feliz en sus disposiciones; es evidente que todas estas circunstancias eran indispensables en el más alto grado para gobernar la España de tantas maneras combatida y aniquilada, y que el menor desacierto había de producir las más fatales consecuencias.

En tal situación y cediendo el rey a los votos de las tropas y los pueblos, publicó en Valencia el famoso decreto de 4 de mayo por el que abolió la Constitución formada en su ausencia, cuyo decreto aunque ha sido altamente denigrado por los liberales exaltados, era en realidad adecuado para aquella época y contenta los elementos capaces de hacer la felicidad de la nación, si se hubiese llevado a debido efecto. En él se dicen estás terminantes palabras:

Aborrezco y detesto el despotismo: ni las luzes de las naciones de Europa lo sufren ya, ni en España fueron déspotas jamás sus reyes, ni sus buenas leyes y constitución lo han autorizado, aunque por desgracia de tiempo en tiempo se hayan visto; como por todas partes y en todo lo que es humano, abusos de poder, que ninguna constitución posible podrá precaver del todo... Todavía para precaverlos cuanto sea dado a la previsión humana, a saber, conservando el decoro de la dignidad real y sus derechos, pues los tiene de suyo, y los que pertenecen a los pueblos que son igualmente inviolables, yo trataré con sus procuradores de España y de las Indias: y en cortes legítimamente congregadas compuestas de unos y otros, lo más pronto que restablecido el orden y los buenos usos en que ha vivido la nación, y con su acuerdo han establecido los reyes mis augustos predecesores, las pudiese juntar... La libertad y seguridad individual y real quedarán firmemente aseguradas por medio de leyes que afianzando la pública tranquilidad y el orden, dejen a todos la saludable libertad en cuyo goce imperturbable, que distingue a un gobierno moderado de un gobierno arbitrario y despótico, deben vivir los ciudadanos que estén sujetos a él. De esta justa libertad gozarán también todos para comunicar por medio de la imprenta sus ideas y pensamientos, dentro, a saber, de aquellos límites que la sana razón soberana e independientemente prescribe a todos para que no degenere en licencia; pues el respeto que se debe a la religión y al gobierno, y el que los hombres deben guardar entre sí, en ningún gobierno culto se puede razonablemente permitir que impunemente se atropelle y quebrante. Cesará también toda sospecha de disipación de las rentas del Estado, separando la tesorería de lo que se asignare para los gastos que exijan el decoro de mi real persona y familia, y el de la nación a quien tengo la honra de mandar, de la de las rentas que con acuerdo del reino se impongan y asignen para la conservación del Estado, en todos los ramos de su administración. Y las leyes que en lo sucesivo hayan de servir de norma para las acciones de mis súbditos, serán establecidas por acuerdo de las Cortes. Por manera que estas bases pueden servir de seguro anuncio de mis reales intenciones en el gobierno de que me voy a encargar, y harán conocer a todos no un déspota ni un tirano, sino un rey y un padre de sus vasallos.

He creído oportuno copiar literalmente la parte más sustancial de este decreto, porque muchos a fuerza de oír hablar mal de él, no han querido tomarse la pena de leerlo, y otros lo han olvidado ya enteramente.

Este decreto bien mirado equivale a la declaración hecha el mismo año por el rey Luis XVIII en Saint-Ouen, pues tan adecuada era esta para los franceses, como aquel para los españoles: la diferencia consiste en que en Francia se llevó a efecto, lo que no sucedió en España. Ambos reyes ocuparon sus tronos por la caída de Bonaparte, aunque con circunstancias muy diferentes. Fernando tenía a su favor el ejército, la inmensa mayoría de los pueblos, y el influjo del clero, pero su reino estaba aniquilado y exhausto de recursos; Luis no podía contar con un partido tan decidido entre los pueblos y mucho menos entre las tropas; pero en cambio de eso, la Francia tenía dentro de sí recursos inmensos, que ha sabido aprovechar su gobierno sabio y prudente. El monarca español, joven e inexperto en un mando el más difícil y espinoso, y falto de consejeros a propósito para guiarle, fue descendiendo durante seis años desde el más alto punto de prestigio y adoración, hasta inspirar una tibieza, que casi rayaba en indiferencia, al paso que el francés aleccionado con 24 años de revolución y con 4 meses de 1815, ha sabido a fuerza de penetración y acierto y por medio de un régimen constitucional bien calculado, hacerse querer de sus pueblos y soldados, y aumentar de grado en grado las fuerzas y la gloria de su nación eclipsada momentáneamente por la suerte adversa de las armas.

Algunos han criticado el lenguaje del decreto de 4 de mayo en cuánto quiere presentar al rey como un padre de sus vasallos, alegando que se aviene muy mal la idea de padre con la de vasallos; y aunque estoy muy distante de constituirme defensor del que haya extendido el decreto, sea quien fuere, me aprovecharé de esta ocasión para hacer unas ligeras observaciones sobre la palabra vasallo. Ya queda dicho y demostrado que los feudos comenzaron en España en tiempo de la reconquista y no antes. Los guerreros de las regiones septentrionales que en el siglo 5.° se desparramaron por el mediodía y occidente de Europa destruyendo el imperio romano, se establecieron en las provincias conquistadas; y al repartir de los despojos, sus reyes con los principales capitanes se distribuyeron entre sí el territorio para cuidar de su gobierno y defensa. Las porciones separadas entonces o más tarde del dominio inmediato de la corona se consideraban dadas en beneficio o feudo, debiendo en retribución el agraciado prestar homenaje y obediencia al rey y acudir a su llamamiento en los casos necesarios. A los pueblos vencidos se les conservaba como por merced la existencia, y eran mirados como propiedad de sus amos o señores bajo el título de vasallaje, continuando largo tiempo con separación las castas de los conquistadores y conquistados, hasta que el mutuo trato y los enlaces matrimoniales fueron suavizando en algún tanto aquella especie de esclavitud. La condición de los vasallos quedó a pesar de ello sujeta al arbitrio de los pequeños déspotas a quienes habían cabido en suerte, hasta que gradualmente los reyes fueron aumentando sus prerrogativas y emanciparon en cierta manera a los pueblos para humillar a los señores. Pero en España los visigodos se hermanaron desde el principio con los naturales, y no establecieron feudo alguno: los que se instituyeron en la reconquista tuvieron un carácter enteramente distinto de los que quedan bosquejados, porque los pueblos de que los suyos hacían donación a los capitanes en premio de sus servicios, no eran de extranjeros sino de compatriotas y hermanos de religión; la guerra se hacía solamente a los moros, y siempre los cristianos eran tratados con toda consideración por parte de los monarcas castellanos y sus soldados. Aun en los tiempos en que la alta nobleza estuvo predominante y orgullosa, empleaba su poder contra sus iguales, y aun contra los reyes, pero a sus pueblos los trataba con mucha mayor dulzura de lo que se hacía en casi todo el resto de Europa. Con mayor razón deberían suceder así, cuando los reyes acercaron a los señores y los vasallos, rebajando la consideración política de los unos y levantando la de los otros; por donde los pueblos de señorío se nivelaron en lo sustancial con los de realengo, que solían tener fueros particulares en siendo de mucho vecindario, y aún enviar procuradores a Cortes. La condición del pueblo o estado llano en España nunca ha sido vilipendiada como en otros países, las leyes le han dado siempre consideración y amparo; y así es, que debiendo las palabras ser la imagen o expresión de las ideas, la de vasallo tomada en su sentido corriente y sea cualquiera su etimología, no tiene la misma acepción ociosa y degradante que en otros idiomas, y se usa muy frecuentemente alternando con la de súbditos sin diferencia sustancial en su fuerza, en cuyo sentido la he usado yo también en el curso de este escrito. El célebre Saavedra dice en la empresa «que la dominación es gobierno y no poder absoluto, y los vasallos, súbditos y no esclavos».

Al leer el mencionado decreto en que destruyendo la constitución formada en 1812 se fijan las bases del nuevo sistema de gobierno destinado para la nación, debieron los amantes de la verdadera libertad y del bien de su país concebir las más halagüeñas esperanzas, pues se los prometía y aseguraba además de una representación nacional con cuyo acuerdo se formasen las leyes y se fijasen las contribuciones, el goce de la libertad y seguridad personal y real, y una razonable libertad de imprenta. Digo francamente todo el que sea imparcial, si después de las demasías de los legisladores de Cádiz y de los desórdenes que ocasionaron no debían darse por muy satisfechos hasta los más descontentadizos, oyendo a su monarca proclamar unas máximas tan hermosas como las que quedan copiadas, y diga también si los pueblos estaban en disposición de admitir novedades, ni aun acaso las mismas que ofrecía el soberano. La seguridad personal y real en que vienen a refundirse todos los derechos sociales, es en resumen el fin de toda asociación y el objeto de todo gobierno: el hombre que pueda decir que goza de ella, es verdaderamente libre. Con efecto los derechos políticos que se disfrutan en diferentes países, y aun los civiles, ¿qué otro objeto tienen más que afianzar y servir de garantía al derecho de seguridad en el sentido lato que le da el decreto? Pues todas las constituciones hechas y por hacer se dirigen principalmente al mismo fin; y es bien cierto que ningún hombre de mediano seso dejaría de vivir muy contento en su país, siempre que se le guardasen inviolablemente los fueros y prerrogativas que el rey Fernando prometió a los españoles: el gran mal consistió en que esta promesa no llevaba consigo ninguna garantía efectiva, según acreditó la experiencia.

Para saber apreciar en que consistió el no tener efecto la palabra dada por el rey, es menester no perder de vista que todo adelantamiento o mejora en el gobierno lleva consigo los visos de una reforma, para 1a cual deben prepararse de antemano los ánimos, y aunque parezca una paradoja, es cosa indudable que para hacer un bien a los pueblos o aumentar su libertad, se necesitan los mismos o mayores medios y amaños, que para menoscabársela o quitársela del todo, ¡Cuántos ejemplares no pudiera citar antiguos y modernos de hombres que han sido sacrificados al furor de una muchedumbre por cuya libertad trabajaban! Y por el contrario, ¿qué pueblo hay que por efecto de revoluciones intestinas haya venido a parar al despotismo, sin que él mismo se haya remachado las cadenas? Nuestro inmortal Carlos III, ¡que obstinada resistencia no encontró al plantear sus reformas saludables, y que conmociones no experimentó, al llevar adelante con loable tesón la obra del empedrado, limpieza y alumbrado de las calles de Madrid!... Todo esto prueba que para plantear una innovación importante, especialmente en pueblos atrasados en la carrera de la civilización, debe procederse con mucho pulso y cautela: ellos no prevén lo que ha de venir ni saben discernir las buenas providencias de las malas, solo se mueven por las aprensiones y apariencias del momento. Cuando se les quiere hacer discurrir, se les amontonan las ideas, y no pudiendo masticarlas, se les indigestan con resultados siempre temibles: semejantes a las fieras que acostumbradas a la oscuridad de sus cavernas no pueden sufrir de golpe la impresión de la luz del Sol desvaneciéndoseles la vista, pierden los pueblos el conocimiento y se desorientan si se les llega a persuadir de la falsedad de las ideas que estaban acostumbrados a mirar con veneración y respeto; y hallándose como en un mundo nuevo se arrojan a ciegas, sin freno y siempre por extremos a toda clase de desórdenes. ¡Cuántas revoluciones se han malogrado por precipitar la marcha de las cosas hasta llegarse a desbocar el pueblo vertiendo raudales de sangre, sin otro fruto que hacer un círculo vicioso para volver a un punto más retrógrado de aquel de que se había partido! Acaso no hay pueblo alguno en la Europa culta a quien con mayor propiedad puedan aplicarse estas consideraciones que el español, y si las doctrinas de los constitucionales hubiesen hecho mella en él durante la ausencia del monarca, ¿quién es capaz de calcular los resultados que habrían producido? Pero muy lejos de eso, apenas puede decirse que las hubiese oído siquiera, y solamente llegó hasta él una especie de retintín lejano, que fue más que suficiente para alarmarlo en contra de las novedades que se pretendían introducir; reacción que no ofrecía seguramente oportunidad para empezar inmediatamente haciendo reformas por útiles que fuesen. Por otro lado, las clases interesadas en que las cosas subsistiesen como habían estado antes del año de 1808, podían mover con la mayor facilidad a los pueblos contra toda innovación, aunque viniese de parte del rey, pintándolo como seducido por los enemigos de su soberanía.

A pesar de una situación tan delicada y antes que acabara de sosegarse la fermentación que agitaba los ánimos, quiso Fernando no perder tiempo en el cumplimiento de sus ofertas, y el 10 de agosto del mismo año de 1814, pasó una orden al consejo de Castilla en que después de manifestar que parecía haber llegado el tiempo de tratar de la ejecución del decreto de 4 de mayo, y deseando proceder en un negocio tan arduo y grave con la madurez necesaria para evitar los males que podrían seguirse de cualquiera imprudencia o error, mandaba que el consejo le consultase sobre la convocación de Cortes con su acostumbrado celo y prudencia. ¡Desgraciadas Cortes, cuya suerte había venido a parar al pozo donde se estancan tantos negocios! Parece cierto que alguno de los fiscales del Consejo hizo trabajos útiles y curiosos sobre la conveniencia de reunir Cortes generales de la nación por estamentos, y aun se ocupó de allanar los pequeños obstáculos que debían provenir de la diferencia de los tiempos, y de la no vista reunión general de Cortes que siempre se habían celebrado por separado en Castilla, Aragón, y Navarra; pero el consejo con su acostumbrado detenimiento tardó más de cinco años en formar su juicio y acordar el informe, y sabe Dios cuanto habría tardado a no haber sido extinguido en el año de 20. Además de ser este negocio de los que allí acostumbran a eternizarse; por falta de parte interesada que los active, ¿cómo se había de apresurar el consejo en reunir un congreso respetable donde precisamente había de tratarse de reformar abuses, y acaso el primero de ellos, la existencia del mismo consejo como el más funesto y trascendental?

En ninguna época era más necesaria la reunión de Cortes que cuando el joven Fernando a su regreso a España tomó sobre sus hombros el peso del gobierno: el amor de sus pueblos y el entusiasmo que desplegaron por todas partes, le presentó cubierto de flores el sendero, que poco después desnudo de la ilusión momentánea, había de aparecer lleno de espinas y maleza. Era muy difícil elegir sujetos en tales circunstancias, cuando todos se presentaban con semblantes halagüeños y serviciales, y lo mismo el distinguir la verdad de la mentira, el justo elogio de la lisonja, cuando el rey no oía por todas partes más que gritos de alegría y esperanza. Porque al cabo cuando un príncipe vive aislado en medio de aduladores cuyo lenguaje está en oposición con el de los pueblos, hasta que se asome un día al balcón o se acerque de cualquier modo a sus súbditos para percibir el engaso; pero cuándo todo se vuelve alabanzas y aplausos por dentro y por fuera de su palacio, ¿cómo podrá discernir la verdad?, ¿y quién es el que aturdido con el incienso de los elogios y el ruido de las palmadas, conserve la cabeza serena en el momento mismo de empezar su carrera? Por lo tanto era más necesario poner al rey en frente de la nación, para que esta le hiciese conocer las verdaderas necesidades de los pueblos, y que con sus consejos saludables fuese la antorcha que le sirviera de guía en medio de aquel mar confuso de ilusiones.

Por desgracia no sucedió así, sino que privado el rey de aconsejarse con la nación y precisado a hacerlo con sujetos que disfrutasen su confianza, se valió de aquellos que lo habían acompañado más o menos de cerca en su infortunio, y de cuya lealtad se creía seguro; y estos colocados ya en altos empleos, creyendo a su vez que el rey debía entregarse ciegamente en sus brazos a título de gratitud, se mezclaron a manejar negocios que no conocían y abusaron de la confianza del soberano para satisfacer su orgullo y atender a sus intereses particulares. Ellos lograron hacerlo enemigo de sus enemigos, y conociendo cuánto les importaba dominarlo por el terror, no perdieron ocasión de agriar su corazón e inspirarle odio a todo lo que tuviese relación, no solamente con la Constitución de 1812, sino contra toda idea de libertad, tolerancia, y reconciliación, y por consiguiente contra sus mismas ofertas solemnes hechas a los pueblos el 4 de mayo. Las insensatas tentativas de Mina en el mismo año de 1814, de Porlier en 1815, Lacy en 1816, Richard en 1817 y Vidal en 1818, encaminadas las unas a restablecer la abolida Constitución, otras a destruir el gobierno monárquico y otras directamente contra la vida de S. M., fueron muy oportunos auxiliares para salir con el objeto que se proponían aquellos ambiciosos cortesanos.

Poco tiempo tardó el monarca en conocer que habían abusado de su bondad algunos de los sujetos a quienes honrara con su confianza, y este cruel desengaño por ser el primero, debió excitar en su alma las más vivas inquietudes. Suspicaz y desconfiado por educación, empecé entonces a dudar de la buena fe de cuantos lo rodeaban, y conociendo que los primeros empleados estaban poseídos de una ambición desmedida y lo sacrificaban todo a sus pasiones, intentó descender a otras clases para buscar en ellas fidelidad y rectitud en los consejos: punto que volveré a tocar más adelante. Hasta entonces había creído el rey que dispensando mercedes se aseguraría más y más en el amor de sus vasallos, y así es que para mostrarse reconocido a los testimonios de afecto en que se embriagaba la multitud y hasta las clases más distinguidas del estado, quiso corresponderles distribuyendo gracias y recompensas a los que juzgó las merecían. Proveyó las prebendas eclesiásticas que eran muchísimas y cuyo producto estaba destinado por el gobierno anterior para amortizar la deuda pública; y no cesó de dar pruebas de su munificencia en lo político, civil y militar a cuantos tuvieron la fortuna de acercarse a la Real Persona en aquella primera temporada. ¡Qué distante estaría el rey Fernando de presumir que la mayor parte de los que entonces premiaba tan a manos llenas, habían de serle ingratos! Por regla general cuando las mercedes se distribuyen con profusión, los agraciados se creen dispensados de toda gratitud porque juzgan que si nada les hubiese tocado en tan amplia distribución, habría sido una injusticia atroz, y por consiguiente que no se les ha hecho favor alguno, al paso que empiezan por todas partes las comparaciones, y quedan quejosos los no agraciados, cuyo número crece en proporción de los que lo han sido. Mientras hubo empleos y condecoraciones que repartir, todos conservaron la esperanza y callaron, pero luego que se hubieron concluido, llegaron los clamores hasta el trono, se hicieron oír del soberano con sobrada libertad, y entonces desapareció a los ojos de este el cuadro fantasmagórico, que lo había ofuscado en medio de aduladores astutos y pretendientes favorecidos. Este es el hecho: considérese cuan turbado y dudoso se encontraría el rey cuando antes de pasar un año sentado en el trono, se vio mal servido por sus favorecidos y desengañado de que no todos los premios que acababa de repartir habían recaído en personas que los mereciesen. Todo ello contribuyó a aumentar la desconfianza que tenía de los demás, y a hacerle desconfiar también de sí mismo.

Conviniendo en que habría sido muy útil reservar una buena porción de las prebendas vacantes para el importante objeto a que estaban destinadas, nadie desconocerá tampoco que a su regreso debió el monarca recompensar a los que se habían distinguido por su patriotismo y esfuerzos en la guerra de la independencia; y si bien pudo la intriga meter la cabeza y obtener premios a la par del verdadero mérito, este mal es propiamente hijo de las circunstancias y casi irremediable en aquel momento. Si muchos de los agraciados se creyeron autorizados para ser ingratos por efecto de la corrupción de las costumbres y del trastorno general de ideas; también su mal proceder sirvió de lección provechosa para el rey Fernando y formó como su aprendizaje, haciéndolo más económico y circunspecto en la distribución de gracias para lo sucesivo. «Más debemos algunas vezes a nuestros errores, dice un sabio, que a nuestros aciertos: porque aquellos nos enseñan y estos nos desvanecen.» Sin embargo de que estos primeros pasos fueron muy naturales y salían de la sencillez de un corazón agradecido, sirvieron de pretexto por donde empezaron sus enemigos a desacreditarlo. Los que habían medrado no volvieron por lo general a acordarse de la mano benéfica a quien todo lo debían; los descontentos comenzaron a murmurar con osadía, y los chispazos de insurrección que de cuando en cuando estallaban en las provincias fueron animando sus esperanzas y preparando su triunfo. Tales fueron los primeros resultados de la oposición que con su silencio hacia el consejo de Castilla a la reunión de Cortes, tal la responsabilidad que debe tener sobre sí, porque a las veces tanto vale hacer el mal como dejar de hacer el bien.

Combatido el rey por contrarios afectos se encontraba colocado entre dos males: el régimen constitucional que había abolido y el sistema de gobierno que había abrazado, de cuya insuficiencia no pudo menos de cerciorarse al ver los males resultados que producía en los pueblos; pero rodeado de una multitud tan grande de objetos como se ofrecían a su vista, ¿qué medio de apreciar y discernir donde estaba el mal para desarraigarlo? ¡Oh! Si entonces hubiera habido quien te hubiese hecho ver y tocar que el mismo consejo de Castilla que entorpecía el cumplimiento del decreto de 4 de mayo, era el que por su planta monstruosa destruía y paralizaba en gran parte el bien de la nación, ¡qué ventajas no habría podido producir! Pero quiso la mala suerte que los que aconsejaban al rey no conociesen realmente el origen de nuestras desgracias, y los poquísimos que lo conocían tenían interés en ocultarlo.

Por otra parte lo digo y no me cansaré de repetirlo: el mayor mal que produjeron los constituyentes de Cádiz fue el espíritu de reacción que provocaron en todos los pueblos contra sus doctrinas e instituciones: de ahí la tendencia general a hacer volver todas las cosas al estado que tenían en 1808 sin examen ni criterio, y el resultado fue retrogradar a los tiempos del favorito sin los medios y recursos que entonces había, pero con los mismos defectos, más los contraídos en seis años de guerra y desorden. El príncipe mejor y más sabio del mundo no habría podido gobernar con tan malos elementos, porque es imposible que ande bien una máquina con las ruedas descompuestas, por hábil que sea la mano que le imprima el movimiento. Era preciso empezar reformando poco a poco y con destreza el antiguo régimen de gobierno, desasirse de las trabas con que por espacio de algunos siglos ha ido la rutina enlazando a los reyes sin dejarles libertad para hacer el bien, rectificar la extraviada opinión pública y restablecer con criterio los buenos usos de los tiempos felices de la monarquía; operación que era tanto más difícil y arriesgada, cuanto que los pueblos repugnaban toda novedad, y que los primeros elementos del gobierno, los más inmediatos al solio eran los que debían abrir el camino y servir de ejemplo en la reforma. La empresa era a la verdad muy gloriosa, pero ¿dónde está el hombre que pueda preciarse de haber demostrado al rey fundamentalmente los males de la nación, sus causas y el modo de llevar a efecto su remedio? ¿Quién es el que se ha llegado a aconsejarle que llevase a efecto el decreto de 4 de mayo; entorpecido por el consejo de Castilla? Nadie; entre los que se acercaban al rey, los más honrados, sabios y concienzudos no entendían una palabra de negocios, ni sabían apetecer otra cosa que lo que maquinalmente habían visto en su niñez, limitándose en general a hacer votos al cielo por el acierto del gobierno: los que más sabían, recelaban comprometerse chocando con las ideas de los otros, y trataban de aprovechar el tiempo en beneficio suyo y de sus amigos; y finalmente había una buena porción de aspirantes a dominar al monarca, ya con el halago, ya principalmente con el terror, cuyos pasos seguía una densa nube de camaleones políticos que siempre revolotean en los palacios como los buitres alrededor de la carne. Esta era la atmósfera que rodeaba a Fernando y en la cual se vio envuelto desde su regreso a España: los esfuerzos que alguna vez intentó para salir de tan miserable situación, no hicieron más que consumir y agotar sus fuerzas porque nadie le daba la mano. Verdad es que algunos eclesiásticos le hablaron desde el púlpito con energía, le pintaron los males, las desgracias de la nación y la necesidad de hacer reformas; pero estas estériles jeremiadas provenían unas veces de la impaciencia con que llevaban el que la inquisición no levantase cadalsos y encendiese hogueras; y otras, aunque con mejor intención, azotaban vanamente el aire, porque vagando en generalidades nunca se contraían a ideas y puntos determinados. De modo que todo esto lejos de mejorar el aspecto de las cosas, no hizo más que empeorarlo azorando más y más el corazón del rey, a la manera que le sucedería a un enfermo si el médico le asegurase que se moría aunque sin poder atinar la enfermedad. Algunos apologistas o más bien ciegos aduladores del rey Fernando, han querido explicar la no convocación de Cortes diciendo que debía preceder a esta operación el restablecimiento del orden y buenos usos en que había vivido la nación; pero desde luego se ve que esto es echarse a discurrir después de pasadas las cosas para encontrar alguna insustancial sutileza con que explicarlas a su modo: el primero de los buenos usos de la nación era la celebración de Cortes, con él podían restablecerse los demás, y de otra manera era imposible adelantar ni un paso. Vamos a examinar ahora otro punto interesante que también tiene relación con este.

De los ministros o secretarios del despacho

Si la larga permanencia del ministerio en su puesto puede, generalmente considerarse como un indicio del buen manejo y estado de los negocios en una nación, muy mala idea debe inspirarnos la frecuente mudanza que hubo en España en los seis años posteriores a la vuelta del rey de su cautiverio. Con efecto, sin hablar ahora de los validos o favoritos, que ya no son ministros sino reyes pues lo mandan todo, es evidente que para el desempeño de tan elevados destinos se ha de empezar por orientarse bien en la marcha del gobierno, tomar el tino a los negocios y en suma sufrir su aprendizaje. También vemos por más que se predique en contra, que el ministro coloca a sus parientes y amigos antes que a los extraños, y siendo esta la regla general con raras excepciones, se concibe fácilmente que si después de esto se le separa de su puesto, es cabalmente cuando podía empezar a marchar con firmeza y desembarazo, y cuando después de colocados los suyos, estaba en el caso de escoger en rigurosa justicia entre los demás. El ministro que cuenta con una larga permanencia al frente de su ramo, puede entregarse al deseo de gloria y aplauso, asocia su nombre al del soberano en las grandes empresas, y llega por este medio a identificar sus intereses con los de los pueblos: pero el que a todo momento teme que se vuelva la veleta del favor, no puede pensar más que en salir materialmente del paso, procurando sacar el mayor partido posible en pocos días, sin entrar en planes ni obras de importancia, porque ¿cómo pudiera emprender cosas grandes ni dar providencias enérgicas, si sabe que el que le suceda ha de querer congraciarse siguiendo el opuesto rumbo? ¿Ni cómo pudiera pensar en sembrar el que está seguro de que no ha de recoger? También sucede en tiempos calamitosos que un ministro luego que se entera del mal estado de las cosas y toca la dificultad o acaso imposibilidad de mejorarlas, procura él mismo retirarse y huir de aquella peligrosa posición; y en tal caso su retirada equivale a un desahucio, que es lo que ha sucedido más frecuentemente en la época de que voy tratando.

La naturaleza de este escrito no me permite entrar en profundas consideraciones sobre este punto interesante, que acaso podrían ofrecer alguna utilidad, y así me contentaré con decir que el primer ministerio nombrado en

1814 empezó a despachar en los momentos de mayor efervescencia general a favor del rey, y a pesar de ello tuvo S. M. a los pocos meses que castigar eficazmente a uno de los ministros por haber abusado de su confianza, según aparece de los reales decretos de 8 y 25 de noviembre del mismo año en que se confinó a don Pedro Macanaz al castillo de San Antón de la Coruña con privación de su empleo, sueldos y distinciones. Debe decirse, en honor de la verdad, que este ministro, fue el que dio providencias más moderadas y conciliatorias en aquel tiempo, y el que trabajó por la reunión de Cortes por estamentos, y sabe Dios si esto le serviría de demérito: ello es que hay datos para creer que fue víctima de una tramoya urdida por miras particulares de un enemigo suyo, y que el rey cayó en el engaño con la mejor intención y más loables deseos, razón por la cual se mitigó poco después el rigor de su confinación, y se le permitió irse a vivir a su pueblo. Lo cierto es que este ejemplar no escarmentó a su sucesor en el ministerio de gracia y justicia don Tomás Moyano, de quien se cuenta que en un solo día que fue el 5 de mayo de 1815 colocó amas de treinta parientes suyos. En su tiempo se proveyeron todas las prebendas vacantes de España, agotando esta mina riquísima, ya fuera que se quisiese aplicar parte de ellas en beneficio del crédito público, o que se reservasen para ir premiando el mérito acrisolado de los eclesiásticos.

Por este tiempo había sucedido al general Eguía en el ministerio de la guerra el de igual clase don Francisco Ballesteros, cuyos fuegos, ideas e inclinaciones formaban singular contraste con su antecesor. El ramo militar era de los más difíciles e importantes en aquéllas circunstancias: deshechas ya guerrillas que habían llegado a formar cuerpos muy imponentes, se necesitaba reducir el ejército que era cuádruplo de lo que el erario podía sostener, y fijar la suerte de los oficiales cobrantes sin exponerlos a la miseria y desesperación. El general Ballesteros, deseoso de darles ocupación ventajosa para el servicio público, ideó establecer comandancias militares en todos los pueblos de alguna consideración para repartirlos según sus graduaciones, con la obligación de auxiliar a las autoridades y perseguir a los malhechores. Los armamentos que se hirieron en 1815 con motivo de la salida de Bonaparte de la isla de Elba para volver a ocupar el trono de la Francia, dieron motivo a formar en Castilla la Nueva un ejército de reserva cuyo mando retuvo el ministro, y dio origen a despertar los celos de sus enemigos. La conocida ambición de gloria de Ballesteros y su inclinación a mandar a cualquier costa, lo habían hecho imponente y tardaron poco en hacerlo sospechoso: entraba por las galerías y salones de palacio como pudiera hacerlo en una parada, y mirando a un lado y otro con el más alto desprecio a los cortesanos y palaciegos, parecía que solo le faltaba una manga de granaderos para hacer despejar a paso de ataque a toda aquella turba. Por lo tanto se conjuraron contra él y lo derribaron: su conducta dudosa en los momentos de la rebelión del general Porlier en Galicia en setiembre del mismo año 15, unida a los antecedentes del mando del ejército de reserva, y colocación de oficiales de su confianza repartidos en los pueblos, fueron los testimonios de sus miras ulteriores, y lo hicieron salir confinado a Valladolid. Su sucesor el marqués de Campo Sagrado reunía circunstancias muy apreciables para el mando, pero como en aquella época se había tomado por estribillo mudar con frecuencia de ministros, fue reemplazado en junio de 1817 por el general Eguía, que en el espacio de siete años ocupaba por tercera vez la silla ministerial, en edad casi decrépita, y cada vez más apegado a las rancias instituciones, siendo acaso su única recomendación el carácter decidido y franco con que siempre se había mostrado acérrimo realista y enemigo de toda novedad, sin andar variando de opiniones.

Los ministerios de marina y estado tuvieron más fortuna porque sufrieron menos mudanzas; pero las más frecuentes de todas fueron las de Hacienda. Siete ministros de este ramo hubo en el espacio de dos años y medio, sin que los nombres de la mayor parte de ellos queden consignados para la posteridad sino en la guía de forasteros. Uno de ellos sin embargo, don Felipe González Vallejo, fue depuesto y condenado por decreto de 28 de enero de 1816 a pérdida de todos sus empleos, y confinación a la plaza de Ceuta por diez años con retención, por haber levantado calumnias y dado falsos informes según allí se refiere; castigo tan duro que no sé si en alguno de los anteriores reinados se habrá impuesto otro igual a un ministro por la vía gubernativa. Llegó por fin al ministerio de Hacienda don Martín de Garay en 23 de diciembre de 1816, y aquí es preciso detener algún tanto la consideración: pero para la más fácil inteligencia conviene ante todo decir dos palabras sobre los sujetos que privadamente aconsejaban al rey en ciertos negocios, y a cuya reunión se dio en el público por desprecio el nombre de camarilla.

Era cosa muy natural que el rey tuviese apego a aquellos antiguos criados que le habían servido bien en las épocas de amargura, y que cansado del bullicio y fastidiosa etiqueta que de continuo lo rodeaban, hurtase algunos momentos para respirar libremente entre sus fieles domésticos, porque al cabo un rey es un hombre. Tenía S. M. y tiene por costumbre enterarse de todas las quejas y peticiones contenidas en los memoriales que le son presentados, y decretar de su puño aquellos que merecen su atención, que siempre son muchos; y para facilitar este trabajo, empezó a servirse de algunos criados de su cuarto a fin de que ellos escribieran solamente las fechas de los decretos. A vuelta de poner las fechas y manosear los memoriales, aprovechándose de aquella primera época de gracias y aspirando la ocasión oportuna, lograron obtener del rey concesiones para algunos de sus amigos, y poco a poco, fueron ingiriéndose a dar noticias y avisos sobre los méritos de algunos sujetos y cualidades de que estaban revestidos. La genial desconfianza del soberano y su deseo de asegurar el acierto, dieron oídos a estos avisos, y a su sombra fueron tomando cada día mayores vuelos los que los daban según se proporcionaban las circunstancias. Más adelante se introdujeron ya en el cuarto del rey algunos otros sujetos que no eran de la servidumbre, los cuales manifestando el mayor interés por el bien público, anunciando revelaciones importantes y censurando con misterio y sutileza las operaciones de los ministros, empezaron poco a poco a meter la mano en los negocios del gobierno.

La historia nos recuerda con elogio diferentes príncipes, que deseosos de conocer la verdadera opinión y el estado de los pueblos salían disfrazados a enterarse de todo por sí mismos, y otros como Felipe II que tenía un criado que le relataba fielmente cuanto oía en las calles y corrillos en materias tocantes al gobierno. Pero a tales hombres si es que saben dar bien razón de lo que oyen debe el príncipe escucharlos solamente en los hechos que refieran, para que en unión con otros antecedentes contribuyan a rectificar sus propios juicios, cuidando de no darles lugar a hacer reflexiones, porque tras de estás se siguen los consejos, y no es presumible que sean acertados en hombres sin principios. El célebre Saavedra a quien no me cansaré de citar con elogio, dice en su empresa 55:

> Si fuera practicable, habían de ser reyes los consejeros de un rey para que sus consejos no desdijesen de la estimación, decoro y autoridad real. Muchas veces obra vilmente el príncipe porque es vil quien le aconseja. Pero ya que no puede ser esto, conviene hacer elección de tales consejeros, que aunque no sean príncipes, hayan nacido con espíritus y pensamientos de príncipes y de sangre generosa.

No hay para que desenvolver la opinión de un sabio tan respetable, pues nadie deja de conocer que serán generalmente muy distintos los pensamientos del que se ha criado entre nobles ejemplos y leyendo buenos libros, de los del que ha empezado su carrera agarrado a una correa o manejando una esportilla. Muchos reyes han tenido y tienen sus consejos privados, pero se componen de personas visibles y de verdadera responsabilidad, y otros reúnen en su tertulia a ciertos sujetos escogidos cuya conversación pueda recrearlos e instruirlos; pero los hombres de la camarilla eran de tal calaña, que si hubiesen puesto sus nombres para refrendar un papel cualquiera, habrían sido totalmente desconocidos, o quizás habrían movido a risa a los pocos que los conociesen.

Casi es inútil por muy sabido, enumerar los males que deben causar al estado tales aconsejantes, que destituidos de aptitud para los negocios, pueden sin temor ni responsabilidad atacar y derribar las mejores reputaciones, tirando la piedra y escondiendo la mano. ¿Quién es capaz de sustraerse por justo y virtuoso que sea a los golpes de un enemigo oculto que acecha la ocasión de insinuar una calumnia en los oídos del soberano, o que se vale del arma poderosísima del ridículo o la invectiva, sin que el calumniado tenga medio de hacerse oír ni justificarse? ¿Quién puede considerarse seguro en su puesto si un oscuro intrigante se vale de todo género de arterías y vilezas para dejarle vacante, y apoderarse de él o dárselo a alguno de sus amigos? Con efecto, si el furor dominante por todas partes es la guerra de empleos, bien puede decirse que los camarilleros han trabajado a la zapa y sin miedo de contraminas. A una espada desnuda comparó el Espíritu Santo las lenguas de los chismosos, con cuyo motivo añade el príncipe de nuestros políticos:

> Ningún palacio puede estar quieto donde se consienten. No menos embarazarán al príncipe con sus chismes que los negocios públicos. El remedio es no darles oídos, teniendo por porteros de sus orejas a la razón y al juicio para no abrirlas sin gran causa... Nadie murmura delante de quien no le oye gratamente. Suele ser también remedio el carearlos con el acusado publicando lo que refieren de él, para que se avergüencen de ser autores de chismes.

Los mejores ministros, los más fieles empleados llegan a ser víctimas de un malintencionado que se proponga desacreditarlos con el príncipe: este rechaza al principio con horror las especies dirigidas contra personas acreditadas; poco a poco se van acostumbrando sus oídos al cuento de mil maneras repetido, duda, comienza a vacilar, y en tal estado el más leve motivo, el más pequeño empuje decide la suerte de un ministro y acaso con ella la del Estado. Con la particularidad de que aunque el príncipe toque desengaños de la mala fe de semejantes hombres, saben usar todo género de amaños y bajezas para sostenerse en aquel pedacito de gracia que les cabe, se humillan, callan y dejan pasar el enfado: el príncipe acostumbrado a ellos y movido de sus postraciones y pequeñez, suele tolerarlos, y ellos pasado el nublado vuelven a las andadas. Las consecuencias de esto son desautorizar a los consejos y ministros, obligarles a que si quieren conservarse, busquen apoyo en los mismos manipulantes y se presten a sus insinuaciones, torcer la marcha de los negocios, fomentar el desorden y la insubordinación entre los empleados que en llegando a tener algún empeño por alto se burlan de sus jefes, disgustar a los pueblos que siempre aborrecen semejantes manejos, y finalmente desacreditar al monarca que pasa por flojo e inepto.

Estos males que deben causar los aconsejantes clandestinos y que aún podría haber pintado con más negros colores sin exagerar la verdad, se han tocado en gran parte en España, y acaso nada aceleró tanto la caída del gobierno absoluto como la dichosa camarilla. Es menester sin embargo decir en honor de la verdad que el rey Fernando al tomar noticias y pareceres de personas particulares, era movido de la mejor intención y mayor deseo del acierto: el anhelo de no errar le hacía desconfiar demasiado de su propia opinión; ¡ojalá que la hubiese seguido constantemente y con firmeza! Sus deseos e intereses eran los del bien general, su razón recta y despejada, ¡por qué fatal moderación quiso guiarse por la de los otros, cuyos talentos y juicio eran generalmente inferiores a los suyos, y cuyo interés estaba en oposición con el del público! Las circunstancias, es verdad que disculpan esta excesiva falta de amor propio que se advirtió en el rey: los primeros desengaños que recibió respecto de personas colocadas en elevados destinos y que habían merecido su confianza, debieron serle tan duros e inesperados, que no es extraño no quisiera volver a fiarse exclusivamente de su propia elección, y tratase de auxiliarse con las luces ajenas. Pero ¡qué nuevo caos se ofrece para oscurecer la razón del desgraciado Fernando! Ocasiones ha habido muy repetidas de pedir por separado su dictamen sobre un mismo asunto a dos, tres, cuatro o más ministros de los consejos y otras personas de dignidad y condecoración, y el resultado fue que todos presentaron pareceres diferentes. Los que están algo enterados de los negocios, digan si esto es o no cierto. ¿Qué medio de escoger con tino entre tantos dictámenes discordes, y fundados todos en sus respectivas razones más o menos sólidas y valederas? ¡Cuántas veces se ha visto al lastimado monarca derramar lágrimas amargas y quejarse de que le engañaban los altos funcionarios, pues unos con otros se contradecían a toda hora por razón casi siempre de sus encontrados intereses!

Al reflexionar sobre la crítica posición del rey, no debemos sorprendernos de que haya querido oír privadamente a hombres que a lo menos creía le dirían pura y francamente la verdad hasta donde alcanzasen, sirviendo todo ello para fijar su juicio y opinión en materias delicadas en que había frecuente discordancia de pareceres.

Tampoco es cierto que el rey diera tantas alas como se ha supuesto a los camarilleros: la malicia siempre aumenta en estas cosas. Ellos mismos eran los que por fuera se daban grande importancia, aparentaban aire misterioso y satisfecho, y andaban vendiendo protección, cuando algunos la necesitaban más bien para sí. Para ponderar su valimiento solían de cuando en cuando insinuar familiaridades o confianzas que suponían haber debido al rey, y nadie contribuía a desacreditarlo tanto como ellos, ya exagerando las pequeñeces de S. M. como hombre, ya enfriando los ánimos de cuantos llegasen a creer que hubiese puesto su privanza en sujetos de tal calaña. No dejó el rey de saber lo que pasaba, y sin vacilar un momento arrojó de su lado a hombres tan poco dignos de su aprecio a pesar de sus antiguos servicios, con lo cual hizo ver que no se dejaba dominar por ellos, y que solo apetecía el bien general a cuyo logro lo sacrificaba todo. Hiciéronse también resbaladizos los escalones de la camarilla, pero no por eso faltaba quien quisiera exponerse a caer de cabeza a trueque de hacer su papel, y disfrutar una hora de favor aunque fuese entre bastidores.

Todas estas cosas produjeron el grandísimo mal de alejar de palacio a los hombres de carácter, juicio y probidad, cuyas luces y consejos pudieran haber ayudado al rey a llevar el peso que gravitaba sobre sus hombros: cosa bien funesta a la verdad, pues si todos deben cuidar de no acompañarse con personas faltas de probidad y decoro, mucho más los reyes, que están sujetos a la vista y crítica de todos, y en cuyo manto salpican inmediatamente las manchas de cuantos los rodean. Los pueblos todo lo saben tarde o temprano, y todo lo disimulan menos el defecto de costumbres, en los que por más inmediatos al trono deben ser espejo de los demás. Con esto y con añadir que los camarilleros siguieron manipulando hasta el año de 20, aunque con menos influjo efectivo del que aparentaban, está dicho todo. Si por casualidad llegase este papel a manos del rey Fernando, y pudiese inspirarle todo el horror que merece la camarilla, produciría uno de los mayores bienes posibles para el estado.

Volviendo pues a los ministerios, nos encontramos en el año de 1817 con uno que podía llamarse tal por las circunstancias de los sujetos que lo componían: don Martín de Garay en hacienda, don José García León y Pizarro en estado, don Francisco Eguia en guerra, don Juan Esteban Lozano de Torres en gracia y justicia, y don José Vázquez Figueroa en marina. El ramo de hacienda necesitaba de una cabeza fuerte y bien organizada para montarlo del modo más conveniente a fin de disminuir los gastos y aumentar los productos: el sobrante de generales y oficiales procedentes de la guerra de la independencia, los aumentos de sueldos hechos en diversos ramos, la creación de un número considerable de empleados no conocidos en 1808, los armamentos expedicionarios a ultramar y los réditos de la deuda pública;

habían hecho subir extraordinariamente las cargas del erario, al paso que sus ingresos tenían el enorme desfalco de los caudales que anualmente habían venido de América, y experimentaban además la baja consiguiente al estado lastimoso de los pueblos; por manera que había un déficit de 500 millones de reales anuales. Era preciso acudir a estos males: sin hacienda no hay gobierno por sabio que sea que pueda sostenerse, y al contrario, con un buen sistema de rentas que produzca lo necesario para cubrir las atenciones del estado, se evitan los descontentos, se previenen o se sofocan las sediciones, se sostiene el crédito y la nación camina a mayor prosperidad. Las bases de un sistema de hacienda no consisten como se creyó algún tiempo en cábalas y enredos: todo el secreto se reduce a justicia y buena fe, únicas que pueden sostenerlo, con la prudencia que debe regir todas las acciones del hombre público, y el discernimiento necesario para escoger entre los arbitrios y exacciones, los que más convengan a los tiempos y países. El ministro Garay concibió el proyecto de arreglar fundamentalmente este importantísimo ramo, y lo habría conseguido si hubiese encontrado el necesario apoyo y cooperación para llevar a cabo sus disposiciones: él buscó contra la costumbre del tiempo personas inteligentes y de ideas moderadas, protegió a los hombres de verdadero mérito, y a haber tenido mayor ascendiente o más duradero, es casi seguro que habría auxiliado al rey para llevar a efecto las promesas hechas en su decreto de 4 de mayo. Este hombre memorable estaba dotado de las más eminentes cualidades para llenar el alto puesto que ocupaba, y si la suerte lo hubiera hecho florecer en tiempos de Fernando el VI, su nombre sería eterno entre los españoles porque iría asociado al de grandes y útiles empresas propias de aquel reinado de la abundancia. Era tal el crédito que gozaba, que bastó para hacer bajar la pérdida de los vales reales hasta el 60 por ciento, dándoles un valor que no habían tenido desde 1808 ni han vuelto a tener después, aun en los mejores días del régimen constitucional.

Pero este laborioso ministro vio constantemente contrariados sus planes y trabajos por el anciano Eguia, enemigo cerrado de toda innovación, y por Lozano de Torres que había subido al ministerio pasando por el escalón de la camarilla. Todas las providencias que se daban por hacienda eran rechazadas o desatendidas por guerra y gracia y justicia, quienes se complacían en encontrar el menor descubierto en cualquiera de las atenciones del erario para echárselo en cara al primero. El diplomático Pizarro hacía sus buenos oficios con unos y otros, sin descuidarse en amontonar sobre sus hombros bandas y condecoraciones, finalmente por no detenerme en escribir una historia bien poco agradable, la intriga y la rutina triunfaron del mérito; los enemigos de Garay ayudados de sus auxiliares de la camarilla lograron derribarlo el 14 de setiembre de 1818, en que fue depuesto con Pizarro y Figueroa, saliendo los tres confinados a diferentes pueblos. Así se decidió por efecto de una tenebrosa tramoya palaciega la caída de un ministro en cuyas manos estaba la suerte de la nación, ora acertase a montar ventajosamente la hacienda pública, ora se equivocase en sus proyectos, que aún no habían podido desarrollarse en toda su extensión. Solo quedó y triunfante el partido terrorista, que así puede llamarse porque no respiraba más que venganzas y proscripciones, aspirando a dominar el corazón del rey por el terror; pero los que habían estado unidos para vencer al común enemigo, riñeron entre sí cuando se vieron dueños del campo. Triunfaron del partido moderado, pero ellos mismos se abrieron un abismo debajo de los pies: dejaron el estado sin hacienda, a cuyo ramo con la caída de Garay le faltó como al arco de Ulises o la espada de Scanderberg el brazo fuerte que podía ponerlo en movimiento; cometieron el error de mantener reunido en Andalucía el ejército destinado a ultramar, y compraron una escuadra rusa que por su construcción y maderaje salió inútil para navegar en nuestros mares y los de América. El ministro Eguia servía de auxiliar a un agente de negocios, individuo de la camarilla y encargado principal de estos manejos, que salieron como de tales cabezas. Por último los ministros que habían derribado al de hacienda, continuaron haciéndose entre sí la guerra hasta que cayeron al cabo de un año uno tras de otro: se hicieron nuevos nombramientos y tras de estos, otros; pero las cosas se habían empeorado de tal manera, que ni pudieron evitar los males ni hacer grandes bienes.

Por la sencilla reseña que acabo de hacer, se viene en conocimiento de que lejos de hallar el rey en sus ministros un apoyo para hacer reformas útiles, encontró abuso de confianza en unos, sospechas en otros, y parcialidades en casi todos: ellos reñían entre si y la nación era la que perdía. En lugar de contribuir a sostener y aumentar la buena reputación del Soberano, le cebaban con frecuencia la culpa de desaciertos que ellos habían cometido, ayudando a desacreditarlo injustamente. Ni bastaron a imponerles los dos ejemplares hechos en un principio: no sé qué tienen los castigos impuestos por otra vía que la de las leyes, que parece que no abaten al castigado ni escarmientan a los otros. Todos esperan que no ha de ser tal su desgracia que les toque precisamente la mala suerte, o confían que en su caso encontrarán algún empeño para salir bien del apuro. Lo que hicieron los ministros fue aumentar de cautela, y se dieron tal maña en instruir y cubrir los expedientes amontonando informes amasados de antemano, que presentado cualquiera de ellos aisladamente aunque sea antes un areópago, la resolución aparecerá siempre justa y arreglada a los méritos y antecedentes, porque aun las mayores injusticias sabían solaparlas con perfección. Otra cosa sería si en todos los expedientes de algún interés en las secretarías, se pusiese debajo por nota la historia secreta de cada uno, las intrigas, las recomendaciones, las tortuosidades y otras mil lindezas que formarían un estudio muy digno de los buenos ministros, y aun de los reyes para que no se dejasen seducir por las apariencias. La facilidad de torcer y encubrir la verdad, llevó la corrupción y desmoralización al último punto, tanto entre los empleados como entre los pretendientes refluyendo hasta las últimas clases; se hollaron escandalosamente las leyes, y el antiguo refrán español: Justicia es, de cinco votos tener tres, nunca pudo aplicarse con tanta verdad y descaro como entonces.

Si algún día se escribe cuidadosamente la historia de los ministros de los seis años, debe tenerse presente además, para calificar el mérito de unos y otros, que algunos entraron y se salieron del puesto tan a tientas, que sería hacerles demasiado favor suponer que siguieron plan ni sistema alguno. Las naciones pueden marchar por sí solas un buen trecho como anda la lancha aun después de alzados los remos, y el historiador que pretendiera descifrar las obras de semejantes funcionarios, o referirlas a las reglas corrientes, escribiría más bien una novela que una historia. Algunas veces se ha visto en campaña ganarse una acción por efecto de casualidad o por el solo valor de las tropas y retirarse después a su tienda el general o su jefe de estado mayor a poner un parte bordado, haciendo aplicaciones de los órdenes de batalla paralelos y oblicuos con muchos movimientos y evoluciones que no hubo o que se hicieron maquinalmente y sin combinación; lo mismo sucede frecuentemente en las operaciones del gobierno, en las cuales no siempre el que trabaja es el que se lleva la gloria. Hubo también ministros dignos de elogio, cuyos esfuerzos se vieron paralizados por lo que dejaron de hacer sus compañeros, y por las otras causas arriba indicadas. Sobre todo hubo un elemento constante que contrariaba las disposiciones del gobierno, cual fue el de los descontentos y demás enemigos suyos que se manifestaron claramente en el año de 1820 y posteriores: estos formaban una masa considerable que se oponía a cada instante al movimiento de la máquina política, entorpeciendo sus ruedas. Pero dejemos estas consideraciones a los historiadores y ocupémonos de otro punto.

Del carácter personal del rey

Este es el punto en que más discordancia debe haber habido en las opiniones según se deja conocer a primera vista; y efectivamente unos han elevado el carácter de S. M, hasta las nubes, y otro lo han deprimido hasta los abismos, y los que se tienen por conocedores han creído que era imposible definirlo. Mas yo pienso que, no hay cosa más fácil que ésta, siempre que se camine de buena fe y se dejen a un lado las pasiones: el que mira los objetos al través de vidrios turbios, no puede menos de verlos confusos y desfigurados.

Si Fernando VII hubiese reinado en tiempos felices y abundantes como los de sus abuelos, acaso habría pasado por un monarca sobresaliente, porque teniendo recursos para cubrir todas las atenciones públicas, no habría llegado a cundir el descontento, y las buenas cualidades que lo forman podrían haberse dejado ver y apreciar de sus vasallos. Pero cuando falta lo necesario lo mismo en una nación que en una casa particular, todo se vuelve disgusto y confusión, las cosas salen de quicio, cada cual pretende despojar a los otros para no quedarse en la miseria, y como no se repara en los medios de proporcionarse una subsistencia, se estragan las costumbres y se menosprecian las virtudes. El príncipe que se ve sitiado por tantos indigentes sin poder contentarlos a todos, pierde luego su popularidad, sin que tenga absolutamente otro medio de recobrarla, que empezar proporcionándose arbitrios para atender a todos los gastos del Estado. Pero cuán arduo y difícil, por no decir imposible, sea remontar en poco tiempo una maquina desquiciada desde muy antiguo y cabalmente cuando los medios son infinitamente más escasos que nunca: júzguelo el que conozca a los hombres y haya leído con fruto la historia.

Si el carácter del rey Fernando hubiera de estudiarse en lo interior de su palacio y en el seno de su familia, este examen no podría menos de serle muy favorable, puesto que sus mayores enemigos no se han atrevido a hacerle cargo alguno por este lado: cuántas personas han tenido ocasión de hacer sus observaciones de cerca, convienen en que S. M. está adornado de todas las virtudes que pueden llamarse domésticas, y que si la suerte lo hubiese hecho nacer con su augusta familia en la clase de los simples particulares, se habrían granjeado el aprecio y estimación de cuantos hubiesen llegado a tratarlos. No creo que pueda percibirse un solo hecho, una mera sospecha fundada capaz de invalidar esta aserción; pero como las cualidades y buenas prendas de un particular no bastan para un rey, entremos con franqueza y confianza en esta investigación.

Pocos reyes ha habido en España o acaso ninguno, tan accesibles a sus súbditos como el actual: todos han llegado sin estorbo hasta la Real Persona en las audiencias diarias a presentar sus quejas, manifestar sus agravios, o solicitar las recompensas a que se creían acreedores. El rey ha recibido siempre con afabilidad y finura a cuántos han tenido la honra de hablarle, y si no le ha sido posible contentar a todos, por lo menos no les ha amargado su situación con el desaire. Y no contento con eso, se ha anticipado S. M. muchas veces a buscar los agraviados para hacerles justicia: ha visitado las cárceles, los hospitales, los cuarteles, las fábricas y toda clase de establecimientos donde su presencia pudiera hacer algún bien y servir de alguna utilidad. En el despacho de los negocios ha puesto siempre tanto empeño, que forma su ocupación casi exclusiva y emplea en ellos la mayor parte del día, ya con sus ministros, ya en el Consejo de Estado, procurando enterarse bien de todo para resolver con acierto. Del emperador Augusto refiere Tácito, que tenía un libro donde anotaba de su puño el estado de las rentas públicas, de las fuerzas navales y terrestres, y de las diferentes provincias del imperio; y si es muy loable este esmero, también lo será el del rey Fernando que en repetidas ocasiones ha escrito por su mano no solamente las cartas dirigidas a otros Soberanos, sino los decretos y reales órdenes que le han parecido interesantes. Los gastos de palacio son incomparablemente menores que en los anteriores reinados, habiendo renunciado S. M. a los viajes de los Sitios y a las distracciones favoritas de sus antepasados aunque muy propias de un rey solo por economía. Todos los ramos de la servidumbre se redujeron en un principio de una manera extraordinaria, y si posteriormente se ha ido haciendo algún pequeño aumento en uno u otro, ha sido por necesidad y después de prevenir el real ánimo con proyectos estudiados, intentando más de una vez hacer pasar por economía lo que en realidad era aumento de gastos. Pero estas pequeñeces sobre ser de poca importancia, prueban a lo menos que S. M. apetece la más rígida economía, cuando nadie se atreve a usarle otro lenguaje.

Que el rey Fernando tiene firmeza y tesón, lo ha demostrado en diferentes ocasiones; entre otras merece citarse lo ocurrido en 1815 cuando se ejecutó en Madrid la sentencia de muerte en un religioso agonizante, a quien había condenado la sala de alcaldes por un delito bien atroz. Muchas personas respetables se empeñaron con S.M. para que le perdonase la vida en obsequio del carácter sacerdotal; el Patriarca, el mismo señor Infante don Antonio que tanto aprecio le merecía, hicieron los mayores extremos para vencer su resistencia, pero en vano: ni; las peticiones, ni las lágrimas y postraciones pudieron separar al rey de la justicia y del saludable escarmiento que se hizo. Con igual firmeza separó de su lado e impuso castigos a los ministros y otras personas de quienes había hecho confianza cuando abusaron de ella: celoso de conservar su puesto y autoridad, nunca dio lugar a que se creyese que alguno lo dominaba; y tan presente tuvo siempre la fatal privanza de Godoy, que su recuerdo le basta para liberarlo de igual peligro... si alguno se lisonjea de otra cosa, se equivoca torpemente y saldrá desengañado bien a su costa. Han llegado a tal extremo su energía e impasibilidad para deshacerse de sus dependientes y demás empleados cuando lo ha contemplado conveniente y necesario, que acaso puede ya tocar en exceso. La recta administración de justicia ha sido el objeto constante de su cuidado como que con ella se sostienen los imperios: nadie puede decir con verdad que el rey le haya hecho una injusticia a sabiendas o por capricho. Si las han hecho los tribunales, consiste en que ni la forma de estos ni la legislación, ni la responsabilidad de los jueces están como debían estar, y si se han hecho por la vía gubernativa, estarán paliadas y disfrazadas con tal artificio, que parecerán justicias tan claras como la luz, de manera que habían de confundir y deslumbrar a los mismos agraviados si pudiesen ver en las secretarías del despacho sus respectivos expedientes. En verdad que el rey no necesita de grande esfuerzo para desear que se haga siempre justicia porque tiene en ello un interés muy directo; y si por otra parte se considera que no tiene parientes, compañeros de colegio ni amigos a quienes preferir, ¿qué extraño es que apetezca siempre lo más justo? Pocas veces son injustos los reyes, pero con mucha frecuencia lo son sus ministros.

La indulgencia y la magnanimidad han sabido también brillar a su tiempo en el corazón del rey Fernando: algunos monarcas han perdonado a los enemigos de su persona, pero ninguno a los de su soberanía. Fernando hizo uno y otro perdonando a Pablo López llamado el cojo de Málaga, que había sido el corifeo de los bullangueros y alborotadores del jacobinismo, condenado a muerte por el correspondiente tribunal.

Tampoco tuvo entrada en el rey la superstición como algunos han creído ciegamente: su religión es pura y demasiado ilustrada para caer en tan grosero defecto. Ni es tanto como se ha supuesto el influjo clerical sobre su corazón; se vale como prudente del clero porque sabe cuánto puede con los pueblos, pero no se deja dominar por él. No dejaré de notar también otra circunstancia muy recomendable que concurre en el rey Fernando, y es que nadie ha tenido jamás que sentir por expresiones atrevidas que le haya dicho en el arrebato de una conversación particular. Siempre ha tolerado las demasías privadas, nacidas de un celo acalorado o de miserias humanas, porque ha creído que se dirigían al hombre y no al rey. Sabe enseñorear sus pasiones, y sería muy difícil o imposible señalar una inclinación fuerte, un género de distracción sobresaliente en su carácter.

Finalmente tiene el rey una sagacidad y penetración nada comunes, se entera con facilidad de los negocios, y cuantas veces ha tomado resolución por sí en cualquier asunto, lo ha hecho con acierto. Ha protegido las ciencias y fomentado las artes hasta el punto de poner una escuela elemental dentro de su mismo palacio; sus augustos hermanos le han ayudado en tan noble empresa, sin perdonar medio de cuantos estaban en su arbitrio para promover los adelantamientos de la agricultura, artes y comercio, fuentes de la pública riqueza y prosperidad.[19]

Muy fácil me sería dar mayor realce a este verídico cuadro, poniendo en su contraposición los vicios y defectos que han sobresalido en otros príncipes y se han sentado con ellos en el trono. Los implacables enemigos de Fernando lo han pintado como un monstruo más malo que cuantos hasta ahora se han conocido; pero como no hay ni puede haber imparcialidad en ellos, no merecen ni aun escucharse sus dicterios. Al que pierde un pleito se le permite hablar mal de sus jueces, y al que no gana al juego, se le deja el desquite de romper la baraja. Yo estoy persuadido de que nada de cuanto llevo dicho podrán desmentirlo, y antes de buscar en la historia antigua hombres que mancharon la púrpura con sus crímenes, para amontonar ridículas exclamaciones y pasmarotadas, les valdría mucho más estudiar la nuestra para hacer comparaciones exactas y saber apreciar las cosas en su verdadero valor. Así encontrarían en Aragón a un don Ramiro II que hizo decapitar a quince grandes o principales señores del reino en 1137 solo porque supo que se burlaban de él y lo llamaban el rey Cogulla en razón de que había sido fraile. En Castilla verían sin necesidad de hablar del rey don Pedro el cruel, a un don Ordoño II, a un don Alonso XI, un don Fernando V, y a todos sus sucesores cuan ejemplarmente castigaron a cuantos intentaron menoscabar en un ápice su autoridad; con lo cual aprenderían a no dejarse llevar de resentimientos personales ni de la exaltación del momento para confundir lo blanco con lo negro.

Pero si el rey Fernando está adornado de tantas cualidades recomendables, ¿cómo es que no han producido todo el efecto que era de esperar?, preguntará alguno. Dos causas hay para ello, que ya he tocado en el curso de este escrito: la primera es el mal sistema de gobierno que hay en España y lo mal montados que están casi todos los ramos que de él dependen, formando una barrera invencible donde se estrellan todos los esfuerzos individuales. Si se observa con un poco de cuidado, se notará que todos los actos

---

19   El escritor inglés Eduardo Blaquiere que ha publicado recientemente un Examen histórico de la Revolución española, al hablar del carácter y prendas personales del rey Fernando, forma su más competo y decidió elogio: testimonio tanto menos sospechoso, cuanto que sale de la pluma de un radical, partidario acérrimo de las Cortes.

laudables del reinado de Fernando han nacido de su propio entendimiento, y que los menos acertados han sido obra de otras manos y no pocas veces del mal régimen observado. Sus esfuerzos como particular y como rey han sido justos e ilustrados, pero no han podido producir todo el efecto, porque tenían en su contraposición el enorme peso de las caducas instituciones, a la manera que es imposible tirar líneas rectas con una regla torcida. Así es por ejemplo que animaba y fomentaba particularmente las artes y ciencias al mismo tiempo que el consejo de Castilla arreglaba los planes de estudios públicos a los del siglo XVII; así promovía empresas de utilidad general para que luego se viesen paralizadas por el egoísmo y la rutina, y así finamente celaba la administración de Justicia sin poder conseguir su exacta aplicación. Ejemplares hemos visto en Madrid de presenciar S. M. casualmente el arresto de un malhechor y recomendar, como era natural, que se hiciese justicia con arreglo a las leyes: los encargados de ello deseosos de parecer activos e inteligentes han cuidado de despachar brevemente la causa para hacer ver que se administraba prontamente justicia, siendo así que este procedimiento envolvía una injusticia positiva, porque el pobre a quien tocaba la suerte pagaba en un suplicio, mientras quedaban llenas las cárceles de mayores delincuentes con esperanza de salir indemnes o con un castigo llevadero. Todos los vecinos de la capital saben que esto es muy cierto. Por esta pequeña muestra se inferirá como van desde muy atrás las cosas de España; y si a los vicios casi invencibles de las instituciones se añaden las calamidades públicas que en los últimos tiempos eran bien de bulto, no parecerá tan extraño que un rey aislado para hacer el bien haya visto frustrados sus buenos deseos e intenciones. Y no se entienda que mi ánimo al censurar la rutina y los males de nuestro sistema de gobierno, es el persuadir que se haya de partir de golpe y proceder de ligero a hacer reformas ni variaciones: nada de eso. Estoy convencido de que las mudanzas intempestivas son mucho más funestas para las naciones que los mismos abusos; pero entre los dos extremos hay un camino medio, y éste es el que la prudencia aconseja que se siga, evitando cuidadosamente los inconvenientes de uno y otro lado. Este camino prudente es el que no se ha seguido en España, y el oponerse a emprenderlo por miedo a las pasadas tormentas, sería lo mismo que si por haber zozobrado el buque por culpa de pilotos ignorantes y atolondrados, hubiera de desarmarse y quedar para siempre fondeado en el puerto pudriéndosele las maderas.

La segunda causa es la desconfianza que varias veces he indicado forma parte del carácter del rey Fernando: ella le hace vacilar al tiempo mismo de tomar las resoluciones, y algunas veces arrepentirse de ellas después de tomadas, con lo cual viene a formar un ligero paño que deslustra sus demás prendas recomendables y acomodadas para el mando. Este es el flanco por donde han sabido atacarlo los intrigantes y ambiciosos; y como los hombres de probidad y crédito rehúsan hacerse lugar mordiendo justa o injustamente reputaciones ajenas, de ahí es que son otras clases de gentes las que se han entrometido por este camino. Cualquiera que reflexione un poco conocerá que rodeado S. M. de espías y enemigos ocultos desde su niñez, recibiendo continuos desengaños desde que está en el trono, y sobre todo, receloso de no acertar en los negocios, es natural que se haya vuelto suspicaz y desconfiado; pero esta desconfianza que en un particular no sería un defecto trascendental, puede traer malos resultados en un rey, porque los malintencionados saben sacar partido de ella. Por otra parte desde muy antiguo han solido los clérigos y cortesanos ambiciosos esmerarse en educar los reyes a medias, y si es posible, hacer que nunca salgan de la infancia, para que necesitando toda su vida de andadores, sean ellos mismos los que los dirijan. Pero ya que no han podido conseguirlo respecto del rey Fernando, han tenido un poderosísimo auxiliar en el mal sistema de gobierno: las fórmulas, las rutinas, lo absurdo de algunas leyes, las consultas dirigidas a hacer aparecer lo blanco negro y lo negro blanco, todo esto ofrecía a cada paso nuevos tropiezos que debían aumentar la timidez del monarca, llegando a desorientarlo en términos de hacerle desconfiar de sus aciertos. Tan fuertes y poderosos eran estos obstáculos, que ayudados de algunos amaños llegaron a disgustar del gobierno al señor don Carlos IV hasta el punto de dejar en hombros de un valido el peso que la desconfianza le persuadió no podía sostener sobre los suyos, siendo así que tenía una razón despejada, buen talento, honradez y otras apreciables cualidades. ¿Qué extraño es, pues, que el caos que llegó a envolver al padre hiciese algún efecto sobre el hijo habiéndose aumentado extraordinariamente? No es decir esto que el monarca haya de cerrarse absolutamente en sus opiniones, ni fiarse indiscretamente de todos; lejos de ello nunca debe olvidarse la antigua máxima: qui nescit dissimulare, nescit regnare, pero se ha de tener también presente la sentencia de Séneca: utrumque in vitio est, et omnibus credere et nulli. Todos los extremos son dañosos; y una justa desconfianza que regida por la prudencia puede ser virtud en un príncipe, pasa al extremo opuesto cuando no guarda término ni límites. Lo peor es que como todo el que se ingiere por este lado debe naturalmente sostenerse a fuerza de aguzar más y más la desconfianza, es preciso que esta vaya en aumento e imposibilite cada vez más la cura, que consiste en tener mayor seguridad de sí propio, en recogerse con frecuencia a pensar y formar opinión con imparcialidad, en proceder con rectitud y con cierta franqueza, y por fin, en que la prudente vigilancia y desconfianza que se haga de todos, se aplique más decididamente que a nadie a los chismosos que intentan introducirse desacreditando a los demás. Por fortuna el rey Fernando aleccionado con la experiencia y los desengaños, va adquiriendo ya el tacto necesario para elegir sujetos, y para seguir constantemente las buenas máximas de gobierno que inmortalizaron a su augusto abuelo. Así es únicamente como puede haber firmeza y constancia en las grandes operaciones del estado; en el concepto de que vale más un mediano sistema seguido con tesón, que andar salpicando continuamente de proyecto en proyecto por buenos que estos sean.

Y no se crea que está destituido de fundamento lo que digo respecto de las buenas cualidades del rey Fernando, y de la desconfianza que no las ha dejado brillar cual podrían. Esta misma es la opinión de los hombres observadores; esto es lo que he oído a algunos ministros constitucionales cuyo testimonio no debe ser parcial en la materia, y lo que he ratificado por propias observaciones. He aquí sencillamente descifrado el carácter del rey, que algunos creían incomprensible.

Una observación haré para concluir este artículo, y es que los males presentes siempre nos parecen infinitamente mayores que los pasados, especialmente cuando no los hemos sufrido nosotros: es de tal condición el hombre que es casi imposible contentarlo, rara vez deja de apetecer algunas novedades, y con mucha frecuencia desprecia el bien que posee porque se le figura que de un modo u otro podría alcanzar otro mayor, los males que leemos en la historia nos hacen casi el mismo efecto que las aventuras de los viajeros o de las novelas, y como sea una verdad «que lo mejor es enemigo de lo bueno», nos acibaramos nosotros mismos nuestra felicidad anejando de continuo por un nuevo siglo de oro, como si hubiese existido o pudiese existir para todos los hombres. Esta es la razón por que nuestros juicios son generalmente errados respecto de los que mandan, pues sus acciones las miramos al través de nuestras pasiones y caprichos del momento sin tener calma para apreciarlas y compararlas. De aquí es el poco caso que debe hacer un monarca de las y aparentes demostraciones de los ociosos que hoy vituperan lo que ayer aplaudieron; de aquí viene también que muchas acciones del rey Fernando hayan sido tenidas en poco siendo así que las mismas han sido y son celebradas en sus antepasados; de aquí, en fin, que muchos reyes buenos hayan sido murmurados al paso que Tiberio y el mismo Nerón fueron constantemente aplaudidos de nobles y plebeyos. Del gran Carlos III se murmuraba en España a pesar de su buen gobierno y de la abundancia de aquellos tiempos: el deseo de mudanzas hacía poner los ojos en los jóvenes príncipes que daban las mayores esperanzas y arrancaban aplauso de entusiasmo por donde quiera que se presentaban. Cansáronse bien pronto los españoles del gobierno de Carlos IV y suspiraron por su hijo el príncipe reinante, que ha sufrido grandes alternativas en los aplausos y alabanzas de sus pueblos: por eso decía la reina doña María Luisa cuya viveza y penetración no pueden ponerse en duda, que Madrid era pueblo de buenos príncipes y malos reyes, expresión que puede ampliarse a otras más capitales que Madrid, porque los hombres son unos mismos en todas partes. Últimamente si se hiciese un paralelo entre el rey Fernando y los que anteriormente ocuparon el trono desde el principio de la monarquía, y aun los que en la actualidad ocupan los demás tronos de Europa (comparación que la política y el decoro no permiten a un escritor, pero que cada uno puede hacerse en su particular) acaso se vería palpablemente que Fernando no necesita más que dar un paso para ser un gran rey, y merecer un lugar distinguido en la historia.

De las ocurrencias que prepararon la revolución de 1820

Por lo que hasta aquí va dicho, por la marcha que siguió el gobierno y por la falta de recursos en el erario, se vendrá en conocimiento de que precisamente habrían de originarse disgustos y descontento en la nación. Con efecto el espíritu público fue debilitándose de día en día, el entusiasmo por Fernando se fue extinguiendo, y aunque los pueblos le hacían el obsequio o más bien la justicia de no atribuirle los males sino a los lados o personas que lo rodeaban, les faltó ya el gran resorte de la esperanza que hasta entonces los había ido sobrellevando. Los empleados se quejaban de no cobrar corrientemente sus sueldos, y algunos no reparaban en lucrarse para asegurar su subsistencia; otros vejaban y trataban mal a los pueblos, y otros finalmente eran del todo ineptos para el desempeño de sus obligaciones. No se extrañará esto si se repara que habiéndose privado el gobierno de la facultad de emplear a los llamados afrancesados y liberales, quedó demasiado reducido el círculo de personas idóneas elegibles, no de los pretendientes, que en España han sido y son una plaga más abundante que las de Faraón. Siguiendo la costumbre introducida en la privanza del favorito, se solían dar los empleos al favor y la intriga en desprecio del mérito, y los más importantes se reservaban muchas veces para dote de las hijas, sobrinas o parientas de los ministros y camarilleros. La contribución directa establecida en 1817 motivó también descontento en los pueblos, y aunque no sea mi ánimo discutir las ventajas e inconvenientes de esta contribución, diré de paso que no sería necesaria si las indirectas produjesen para cubrir todas las atenciones; pero siendo en los pueblos modernos mayores los gastos públicos de día en día, se han visto precisados a apelar comúnmente a sacar con la contribución directa el déficit que dejan las otras. En nuestra España la tenemos hace cien años establecida en los reinos de la corona de Aragón con grandes ventajas de los contribuyentes, mayores rendimientos al erario, y ahorro de un enjambre de empleados que vienen a ser como los arenales donde se infiltran y se pierden los tesoros con un buena parte de la moral pública: Felipe V trató de generalizarla en las demás provincias de la monarquía, y su hijo Fernando VI hizo su ensayo aunque con mal éxito por carecer de datos para hacer las reparticiones. Como quiera que sea, los mal intencionados se valieron de la novedad y especie de violencia que causaba a los pueblos la exacción de la contribución directa para soplar el fuego de la discordia y desacreditar a los que mandaban.

Al hombre que sepa discurrir lo que debe causarle admiración es como pudo sostenerse en España un gobierno por tiempo de seis años en medio del mal régimen, de la pobreza y de la corrupción: consideración que hasta cierto punto puede es tenderse a cualquiera género de gobierno que se plantee en este país por bueno que sea. Es cosa digna de notarse que a pesar de tantas calamidades como se habían ido eslabonando para formar el compendio de cuantos males pueden afligir a una monarquía, no se echó mano del sistema siempre ruinoso de empréstitos, ni de recargar las contribuciones que proporcionalmente son ligeras; y eso que salieron para América diferentes expediciones, y se preparó otra más grande que debía dirigirse a Buenos Aires y concluir la pacificación de aquel continente, cuyos gastos se regulan en 800 millones de reales, es decir, mucho más de lo que importan las contribuciones de un año. Los pueblos aprovechando los beneficios de la paz de que habían carecido por muchísimo tiempo, empezaban a ir reanimando su industria en cuanto se lo permitían las trabas reglamentarias, pero les faltaban los primeros elementos necesarios para su prosperidad. A pesar de los esfuerzos que hizo el gobierno, vio aumentarse progresivamente su descrédito con los intereses no pagados de la deuda pública, llenarse las costas de piratas que paralizaban totalmente el comercio, y quedar la nación reducida a la nulidad política en la diplomacia europea. En tales circunstancias los hombres sin principios, los ambiciosos y los vagos que forman una parte muy considerable de toda sociedad, deseaban ya que se les presentase ocasión de revueltas y novedades donde hacer fortuna y mejorar de condición. También son muy abundantes otros que pudieran llamarse descontentadizos porque nunca están satisfechos: de un gobierno quieren pasar a otro, de éste a otro, luego volver al primero y sucesivamente; porque su imaginación desenfrenada les ofrece a cada paso nuevos incentivos y esperanzas, y así a muy poco tiempo se disgustan del que manda, sea quien fuere. Este mal debe ser más común y trascendental en España, donde todos quieren vivir a costa del erario formando una nación de empleados.

Todos estos elementos se iban conjurando contra el gobierno de Fernando: de cuando en cuando aparecían por diferentes puntos algunas llamaradas semejantes a las que en los volcanes anuncian la proximidad de la erupción; los descontentos formaban un murmullo sordo y amenazador, y sus intervalos de silencio se parecían a la calma repentina e imponente que suele preceder a las más recias tempestades. El gobierno presintió los males que amenazaban al estado, pero sobrecogido con la proximidad del riesgo se limitó a poner los medios de alejar algún tanto la explosión, ya que no le fuera dado desvanecerla. Por este tiempo y aun antes, parece que el emperador de Rusia cuya amistad apreciaba mucho el rey Fernando, conociendo el mal sistema de gobierno que se seguía en España y la necesidad de ponerlo en armonía con las luces del siglo y estado de los demás pueblos, único medio de conseguir esfuerzos y auxilios extraordinarios, le aconsejó que otorgase una carta constitucional con que pudiese labrar la pública felicidad, se anticipase a los movimientos de los descontentos, y opusiese un dique invencible al torrente de las revoluciones. ¡Sabio e ilustrado consejo, acertado remedio para tantos males, con el cual nos habríamos ahorrada la sangre, las lágrimas y los escándalos de que posteriormente hemos sido testigos! Si las cosas pudieran hacerse dos veces y al llegar al año 17 o 18 se adoptase la opinión del monarca ruso, los buenos resultados que debía producir su consejo lo harían acreedor a la gratitud eterna de los españoles, y la historia le daría por esta sola acción un lugar no menos distinguido, del que ha sabido ganarse con su heroica constancia y resistencia a las armas y astucias de Napoleón Bonaparte. Pero los aconsejantes tenebrosos del rey Fernando, incapaces de conocer lo que era una revolución ni de prever un trastorno, seguían aterrorizando al monarca y enconándolo contra todo lo que oliese a Constitución, y no abandonaban sus intrigas y madejos para engrandecerse, sin conocer que estaba minado el terreno que pisaban: se tenían por linces y eran unos topos miserables.

La revolución estaba ya hecha en los ánimos de muchos, y la opinión pública se preparaba para recibirla: todos conocían que las cosas no podían marchar largo tiempo tales como estaban, pero nadie presentía cómo o cuando había de verificarse la crisis y el desenlace. Muy pocos eran los que se acordaban de la Constitución de 1812; pero si alguna vez se hacía memoria de ella, no inspiraba disgusto alguno aun a los que no habían sido partidarios suyos, porque los males presentes habían hecho oxidar los anteriores y aun presentarlos como bienes. La inquietud y ansiedad crecían por momentos en los hombres suspicaces y pensadores por no saber el giro que tomarían las cosas, ni de donde vendría el golpe, hasta que a mediados del año de 1819 se vio que el ejército expedicionario de ultramar, sería el apoyo de los descontentos, y el que se volvería contra el mismo gobierno que lo había formado a costa de inmensos dispendios. Varios sujetos y entre ellos, don Martín de Garay, habían hecho presente que era impolítico tener mucho tiempo reunidas las tropas en un punto y que sería mejor que estuviesen separadas embarcándolas en diferentes puertos; pero el ministro Eguia no lo tuvo por conveniente diciendo que era precisa que tuviesen uniformidad de movimientos, se acostumbrasen a las grandes evoluciones, y conociesen a sus jefes con otras razones plausibles para tiempos ordinarios y tranquilos, pero que no debieron prevalecer en aquellos. Los americanos que desde el principio de su insurrección han tenido en Madrid y Cádiz agentes para paralizar los esfuerzos del gobierno español, cuidaron mucho de introducir el disgusto entre los oficiales y soldados aumentando la natural aversión que estos tenían a embarcarse, sin perdonar medio para trastornar una expedición decisiva y la más formidable que jamás saliera de los puertos de la Península para las Américas. Algunos de los jefes y oficiales más conocidos por su amor a la libertad, y espíritu independiente, empezaron a reunirse y combinar el modo de sublevar las tropas: juntáronseles algunos empleados y otros individuos, y la cosa fue tomando un aspecto más formal, valiéndose de la masonería para asegurar sus reuniones y comunicaciones.

No faltó quien diese al rey noticia de estas tramas, y su primera providencia fue separar con política del mando del ejército al conde del Avisbal que estaba a la cabeza dé los conspiradores, aunque su conducta dudosa no deje penetrar el verdadero objeto que en ello llevaba. Desbaratóse en la noche del 8 al 9 de julio el proyecto de sublevación con la prisión de varios de los complicados en él, pero este golpe no hizo más que retardar algún tanto el rompimiento que se verificó cinco meses después. No descorreré enteramente el velo que todavía cubre parte de estos sucesos: diré solamente que los mismos conspiradores no estaban acordes en la forma de gobierno que había de establecerse en España, y al último la imposibilidad de contentar altas ambiciones, les hizo poner los ojos en la Constitución de 1812 por razones que son bien obvias. Los medios con que contaban no eran grandes según resulta de las relaciones que posteriormente al año 20 han publicado algunos de los conspiradores, entreteniendo más de una vez al público con disputar entre sí, sobre quien había tenido mayor parte en el alzamiento. Ellos no tenían personas de gran crédito y autoridad, porque no es lo mismo estar descontento de un gobierno que echarse a conspirador: su esperanza consistía solamente en poner en movimiento a los soldados y la cooperación aunque corta de los masones. Y ya que he hablado de masonería, voy a decir dos palabras sobre lo que ha sido esta institución en España, pues conviene muy mucho que se forme idea exacta de ello.

Sin hablar ahora del origen y antigüedad de la francmasonería, me contraeré precisamente a decir que en España era casi desconocida a no ser en algún puerto de mar antes de 1808. En la guerra de la independencia los que siguieron el partido de los franceses se asociaron en muchas partes a la masonería que estaba muy generalizada entre ellos, y los que sostuvieron el partido legítimo, ya movidos del ejemplo de algunos ingleses, ya deseosos de aprovechar las ventajas que ofrecía la hermandad en los trances de la guerra, se incorporaron en ella, y al último no había ejército español donde no hubiese sus logias, y muchos regimientos formaban cada uno la suya. Con efecto, hay algunos oficiales que han debido la vida o la libertad en la anterior guerra a la masonería, ya en el campo de batalla, ya después de conducidos prisioneros; y si esta institución no hubiera de mirarse más que por el lado de la fraternidad, filantropía y beneficencia, tal como suele preconizarse, nada era tan capaz de seducir el corazón del hombre sencillo. Así es que muchos jóvenes alucinados, en quienes puede más la opinión que las leyes, se han alistado en la masonería con las intenciones más puras y generosas: el deseo de mostrar fortaleza de ánimo sufriendo las pruebas que allí se exigen, el de arrostrar los peligros mismos que cercan esta tenebrosa sociedad, han sido dobles alicientes para tentar su fogoso e inexperto entendimiento. ¡Qué crueles han debido serles los desengaños que después recibieron! Lejos de dedicarse los masones exclusivamente a los objetos que proclaman como de su instituto, se ocupan casi siempre o en no hacer más que insignificantes ceremonias, e en conspirar contra los gobiernos: con mucha frecuencia era hombre lleno de ambición, de vicios o de maldad, se vale de este medio para alcanzar sus designios, empleando los demás como instrumentos ciegos, que suelen contribuir a hacer el mal sin saberlo. La masonería y las sociedades clandestinas a ella parecidas, son las palancas más propias para derribar los tronos y de ellas se han valido casi siempre los conspiradores: y aunque estas asociaciones dirigidas en buen sentido podrían a las veces traer utilidad, son mucho mayores sus peligros. Como se recatan de los gobiernos y no es fácil penetrar el fin a que se dirigen en cada caso, no deben tolerarse semejantes reuniones independientes de las leyes, siendo el mejor medio de destruirlas el vulgarizarlas y desvirtuarlas como se hizo en Francia introduciendo en ellas gente despreciable, que es el modo de que los que algo valgan se retiren, cosa que ha sucedido también en España. Comprimirlas por la fuerza, téngolo por insuficiente y muchas veces peligroso: el rigor puede ser útil para evitar que se introduzcan en una nación, pero una vez generalizados los masones en los tribunales, ministerios, al lado del rey, en el clero, en el ejército y otras clases, es preciso proceder con prudencia y en lugar de darles importancia persiguiéndolos, despreciarlos y hacerles ver que por aquel camino no harán carrera, con lo cual se acaban. En algunos países la masonería no es clandestina y por consiguiente deja de ser peligrosa, y pasa a ser insignificante bajo el aspecto de la política, aunque muy útil bajo el de la beneficencia.

En España luego que se concluyó la guerra se disminuyeron mucho las reuniones masónicas y apenas las había en alguno que otro regimiento y en las ciudades de Madrid, Cádiz, Granada y Barcelona y siempre en corto número. En Madrid fue sorprendida a principios de 1816 la casa donde se reunía la logia con motivo de llevar preso al que hacía de huérfano sirviente procesado por varios delitos extraños a la masonería, y aunque no estaban reunidos los socios, se cogieron mandiles, bandas y otros dijes, sin que la cosa tuviera consecuencias por la buena diligencia y maña de los interesados. Otro sujeto andaba enseñando misteriosamente grandes diplomas, y haciendo recepciones a destajo para utilizarse de las cuotas que le pagaban los neófitos con lo cual se mantenía; y en tal estado de degradación es fácil imaginarse que el hombre que se estimaba en algo, en cuanto conociese aquel terreno, estaría deseando salir de semejante barullo para no volver a acercarse a él. Poca gente y de poco valer era la que en España asistía a las reuniones masónicas después del año de 1816, y ya se deja conocer que semejantes elementos no eran bastantes para causar un trastorno: las logias del ejército expedicionario recibieron corto refuerzo de las otras, y a no haber sido por la aversión de los soldados a embarcarse, todavía se habría diferido por algún tiempo el estallido. Luego volveré a hablar de las sociedades secretas por el papel que hicieron en los sucesos desde 1820 a 25.

El rey Fernando tenía quien le diese noticias reservadas desde Cádiz, aunque muy insuficientes y no podían servir más que para aumentar la confusión, pues se reducían a que en tal calle había una logia, que en ella se había visto entrar a fulano etc. pero sin decir lo que allí se trataba, los medios con que contaban ni las ramificaciones que tenían. Llegó por fin el primero de enero de 1820 en que aprovechando la mala disposición de la tropa por haberse mandado verificar sin tardanza el embarque, alzó la voz en las Cabezas el comandante del batallón de Asturias, Riego, proclamando la Constitución de 1812, cuyo ejemplo siguieron algunos otros cuerpos del ejército. Sin embargo se les frustró el plan de apoderarse de Cádiz, y viéndose encerrados en la Isla de León y sitiados por las restantes tropas del ejército y milicias provinciales que acudieron, habrían perecido en poco tiempo si entre los sitiadores no hubiese cundido el mismo espíritu, y si en la Coruña, Zaragoza, Barcelona y otros puntos no se hubiesen alzado también las tropas respondiendo al grito lanzado en la costa de Andalucía. Así se malogró la grande expedición de ultramar, cometiendo los conspiradores dos crímenes a la vez, el de la sublevación, y el de privar a la madre patria de los auxilios que aún podía prometerse de sus posesiones coloniales. Había en la corte diferentes pareceres con motivo del alzamiento de los de la Isla; los más, sobrecogidos de la novedad y del peligro, dudaban, temían y no acertaban a tomar resolución ni aconsejarla: entonces fue cuando se presentó al rey el general Elío cuya firmeza y decisión no vacilaron jamás, y se ofreció a tomar el mando de las tropas para castigar a los rebeldes, o incorporarse en las filas aunque fuese en clase de soldado. Esta oferta se desestimó porque se juzgó que sería impolítica y mal recibida en el ejército la severidad de Elío, a quien se mandó regresar a su capitanía general de Valencia. Hubo quien creyó conveniente que el rey saliera a ponerse al frente de las tropas fieles, recurso muy eficaz pero sin apelación si llegaba a frustrarse: ello es que el tiempo se pasó sin convenir en nada, porque aun amenazaban nuevos estallidos por todas partes.

Finalmente el rey se vio también estrechado dentro de su misma capital, y entonces fue cuando expidió el decreto de 6 de marzo mandando celebrar Cortes según la antigua práctica: remedio tardío que solo sirvió para aumentar los vuelos de la gente conmovida. Pidió informe a los Consejos, y la mayoría convino en que S. M. debía jurar la Constitución de 1812; el general Ballesteros a quien había hecho llamar, se presentó en Madrid, dudoso de si tomaría el mando contra los rebeldes o se pondría al frente de ellos. Sus amigos salieron a encontrarlo y lo decidieron en favor de la Constitución, y para colmo de apuros la guarnición de la capital, inclusa la guardia real, formó el proyecto de tomar las armas al anochecer del día 7 y situarse en el Retiro después de dejar bien guarnecido el palacio para seguridad y tranquilidad de la Real familia, enviando una diputación de cada cuerpo para suplicar a S. M. que jurase la Constitución. Informado el rey del proyecto, quiso ahorrarse más humillaciones, y mandó publicar en la misma tarde del 7 una gaceta extraordinaria, manifestando estar resuelto a jurar la Constitución de 1812.

Estoy muy distante de querer disculpar la sublevación militar que a principios de 1820 trastornó el gobierno de la monarquía, y en ninguna clase es más condenable este exceso que en la fuerza armada, cuya divisa es la obediencia y cuyo instituto es meramente pasivo aun en sentir de casi todos los forjadores de constituciones populares. Pero también han cometido un error muchos de los que se engalanan con razón o sin ella con el título de realistas, atribuyendo exclusivamente a los militares el trastorno, y manifestándoles la mayor ojeriza porque creen que a no haberse levantado el ejército, habrían seguido las cosas indefinidamente como estaban. ¡Extraño alucinamiento! La revolución estaba ya preparada o hecha en los ánimos: los males públicos eran tan grandes y los vicios del sistema anterior hacían tan indispensable una mutación, que el único medio de evitarla era anticiparse el rey a poner en planta el sabio consejo de su aliado el emperador de Rusia. Cuando los males de una nación llegan a su término, cuando los naturales conocen que pueden mejorar de gobierno y fermenta en los ánimos el deseo de la novedad avivado por los padecimientos presentes, no hay remedio: o el príncipe hace una revolución en el sistema, o la hacen por sí los pueblos. En el primer caso los príncipes pueden con tino y prudencia dominar la revolución y terminarla cuando lo juzguen conveniente; pueden dar instituciones bien calculadas sin desdoro ni menoscabo de la dignidad real, y oponer un parapeto invencible a las demasías de la muchedumbre: pueden en una palabra señalar la línea hasta donde ha de llegarse e impedir que nadie la traspase. En este caso las revoluciones o mudanzas del aspecto político de una nación lejos de ser perjudiciales son sumamente útiles, porque son progresivas y paulatinas, emanan de la legítima autoridad, y los pueblos las reciben con gusto pues conocen que les son ventajosas: tales son las mejoras y adelantamientos que poco a poco se han ido haciendo en toda Europa desde la restauración de las luces, en unas partes con más prontitud y acierto que en otras. Pero los pueblos conforme van recibiendo mejoras y adelantan en la civilización, son más exigentes y siempre por extremos; por eso es preciso caminar con cautela y parsimonia aunque con buena fe y rectitud. El haberse abandonado demasiado en un principio y querer luego enmendarlo dando oídos a los cortesanos, llevó al suplicio al desgraciado Luis XVI: nunca deben abandonarse las riendas en términos que no se puedan recobrar, ni debe aguardarse para oponer los diques a que el torrente llegue a desmandarse, en cuyo caso son más perjudiciales que útiles. Esta es la parte más difícil e interesante de la ciencia del gobierno porque todo exceso en uno u otro sentido puede traer consecuencias incalculables: el que sepa manejarse bien en este punto, puede llamarse maestro en el arte de reinar. Pero cuando por contrariar el príncipe los votos y necesidades de los pueblos y no anticiparse con providencias saludables llegan a encontrarse los intereses del gobernante y gobernados, es muy de temer una explosión con daños extraordinarios. Se ha dicho que la ira del príncipe es comparable al rayo, y la del pueblo al terremoto: y aún podría añadirse que en cualquier circunstancia que el pueblo rompa el freno, conmoverá y talará cuanto se le antoje; es preciso desengañarse de que la muchedumbre ha nacido en todas partes para obedecer y en ninguna para mandar, y todo lo que sea salirse de aquí es un delirio. De nada sirven, las teorías especulativas, cuando es tan en contradicción con las verdades prácticas.

La revolución española de 1820 no fue hecha por Riego, pues su corta columna fue batida cuantas veces llegó a las manos con las tropas realistas, algunas veces inferiores en número, y al último quedó enteramente aniquilada: la hizo la opinión pública, la insuficiencia del anterior gobierno y la resignación del monarca a jurar la constitución. El primer instrumento fue realmente el ejército por un movimiento sedicioso, pero a falta de éste no habría dejado de presentarse otro camino para levantar la masa que ya empezaba a fermentar, y aún es menester confesar en honor de la verdad, que las mismas tropas mantuvieron el orden por todas partes e impidieron que se cometiese ningún exceso: ni una sola lágrima ni una gota de sangre acompañó en los pueblos a aquel cambio de sistema. Esto consistió en que el movimiento era dirigido y ejecutado por los oficiales del ejército y por muchos empleados; el alzamiento no fue popular, y así es que no ocasionó grandes desórdenes; cotéjese con la reacción de 1823, en que se dio suelta a la ínfima clase, y se verá que lo que en la una fue concierto y moderación, fue en la otra confusión, excesos y venganzas. La misma revolución del año 20 cuando se fue haciendo popular interesando a la soldadesca y bajo pueblo se hizo también feroz e intolerable. Por eso las dos alteraciones de Portugal para poner y quitar la constitución, hechas solamente por las tropas, han sido ordenadas, prontas y tranquilas. Pasemos a la

Tercera época

Arrebatado por la corriente de los sucesos y desprovisto de medios para resistir, se vio obligado el rey Fernando a jurar la Constitución de 1812, mandando a todos sus súbditos que hiciesen lo mismo. No creo que a nadie le haya ocurrido que debiese proceder de otra manera una vez puesto en el conflicto, pues no debía hacer infructuosamente el sacrificio de su vida y la de su familia, con las incalculables consecuencias que habría producido en daño de la nación. Los pueblos habían permanecido pasivos durante la mudanza, y si bien no tomaron mucha parte a favor del nuevo sistema, tampoco dieron el más leve indicio de afición al antiguo: conocían, sí, que mientras durasen las oscilaciones no pagarían contribución ninguna, y este interés los hacia estar contentos. Pero cuando vieron que el rey había abrazado espontáneamente la Constitución, a lo menos al parecer, y que se les hablaba continuamente de las ventajas que iban a lograr, entraron de buena fe en el nuevo orden de cosas, y aun llegaron a entusiasmarse por él. Bien pronto los mismos que habían de consolidar la marcha constitucional, empezaron a resfriar y luego a indisponer el espíritu de los pueblos.

Grande fue la alegría de todos los que deseaban ver remediados los males públicos al mirar terminada tan breve y felizmente la revolución, y al considerar al rey libre de riesgos y con una autoridad limitada que impidiéndole hacer mal, le dejase las manos expeditas para obrar el bien. Nadie se acordaba ya de que el cambio de sistema provenía de una sublevación militar: ni este mal ejemplar de que tanto deben guardarse los reyes, debía afectar mucho a los demás, pues según los más sencillos principios de derecho casi todas las revoluciones y mudanzas políticas son ilegítimas en su origen; pero si llegan a consolidarse y prescribir, quedan ya legitimadas, como habría sucedido con la del año 20 si hubiese sido llevada adelante con tino y prudencia. Madrid ofreció aquellos primeros días un espectáculo el más halagüeño y satisfactorio, y estoy seguro de que el mismo rey Fernando aliviado en parte del grande peso de la responsabilidad de qué no pueden librarse los más poderosos monarcas ante Dios, ante la opinión pública y ante la posteridad, se lisonjeó más de una vez con el cambio de sistema, puesto que todos decían de palabra y por escrito que iba a labrar la felicidad de los españoles, cuyo bien estar anteponía S. M. a toda otra consideración. Sobre todo lo que mayor prestigio daba al nuevo orden de cosas presentándolo con el colorido más seductor, era el ver que las clases privilegiadas como los grandes, los militares y una buena porción del clero, lejos de oponerse a la Constitución, la abrazaban generalmente con calor y entusiasmo. Los grandes sabían que sus rentas, sus privilegios y consideración política iban a bajar mucho; pero hacían con gusto estos sacrificios a trueque de no degradarse dependiendo de una camarilla: eran además hombres ilustrados en gran parte, deseaban la reforma de los abusos y conocían que en cualquier sistema podían hacer algún papel, sin necesidad de ir siempre cargados de bandas y pergaminos. Esta es la clase que con más constancia y dignidad ha profesado unos mismos principios durante las diferentes fases de la revolución. Los militares perdían también en rango y consideraciones lo mismo que el clero, pero tanto era el disgusto contra el régimen anterior, y tan felices se las prometían muchos con el constitucional, que trabajaban contra sus mismos intereses, bien ajenos de que las cosas hubiesen de tomar el mal giro que después llevaron. La esperanza renacía por todas partes: los empleados, las viudas, los militares y cuantos estaban atrasados en el cobro de sus sueldos, se figuraban ya que iban a ser puntualmente pagados, porque raro es el que no piense ganar en semejantes mudanzas. Todo era regocijo, todo cordialidad, todo en fin anunciaba que era llegado el momento de la reconciliación y prosperidad general.

Como no escribo propiamente una historia, no especificaré detalladamente por qué medios llegó a cubrirse de nubes el plácido horizonte que lucía sobre la España: solo indicaré las ocurrencias que más hacen a mi propósito por haber contribuido con más fuerza a torcer la marcha del sistema constitucional y destruir tantas y tan fundadas esperanzas. Muy pocos hombres había en la península que a principios del año 20 no abrazasen con gusto la Constitución, y estos pocos eran movidos de interés particular y del temor de perder los empleos y consideraciones que disfrutaban: los que en la época anterior se habían pronunciado abiertamente contra la Constitución, los que sabían que no podía transigirse con ellos, esos no la querían. También puede agregárseles un corto número de ancianos que como habían conocido los buenos tiempos de Fernando VI y Carlos III, los echaban menos, y no gustaban de novedades. Todos sin embargo se agacharon, y no pocos de los que en 1814 habían andado arrastrando las lápidas, hicieron su papel, no como constitucionales, sino como exaltados jacobinos. No hubo uno solo que tuviera carácter y energía para oponerse a la Constitución y dejar de jurarla:[20] ahora se disculpan con que el rey la había jurado; pero si es la disculpa es válida para hombres que prestaron con todo conocimiento un perjurio, mas debe serlo para los que hicieron su juramento de buena fe en virtud de órdenes del rey, y han continuado tranquilamente en el desempeño de sus funciones prestando al trono el apoyo que han podido, sin hacer traición a sus principios ni a sus deberes. Yo quisiera encontrar un hombre de los que ahora gallean en España, que movido del más puro desinterés y mejorando de fortuna con el nuevo régimen, se hubiese negado con grandeza de alma a jurar la Constitución por una persuasión íntima de los defectos que encerraba y hubiese presentado sus razones para convencimiento de los demás; pero no me cansaré en buscarlo, porque sé que no lo he de hallar. Es una verdad innegable que la mayor parte de los que proclamaban la Constitución, no la habían leído ni sabían lo que era y solamente se guiaban por lo que oían decir; por donde si hubiese habido hombres de categoría, instrucción y carácter que hubiesen manifestado su opinión distinta de la mayoría, aunque fuese con alguna exposición, porque en eso está el mérito, las cosas pudieran haberse enmendado, planteándolas bien desde un principio. Pero es muy común que los que enmudecen en el peligro, vociferan después que otros han ganado la victoria: todo el mundo se estuvo generalmente quieto hasta que le tocaron el pelo de la ropa.

El grande error que se cometió después del atentado de violentar la voluntad del rey, fue prolongar indefinidamente la revolución en lugar de darla por terminada en el momento: se colocaron en el ministerio hombres que salían de presidio, los cuales no podían menos de estar agriados y resentidos contra S. M. haciéndoselo sentir con tanta mayor energía, cuanto mayor era el aplauso y opinión que disfrutaban en el público. Escudado es decir que una vez abiertas las puertas para que saliesen los presos por opiniones políticas, se salieron también otros muchos con capa de constitucionales, porque a río revuelto ganancia de pescadores. Una de las primeras providencias

---

20   Los dos únicos empleados que acaso se negaron a jurar la constitución, se hallaban fuera de España, desempeñando cargos diplomáticos.

del ministerio fue mandar abonar por entero, como se hizo, los sueldos de los seis años anteriores a los que venían de las confinaciones o destierros, cosa que fue muy mal vista, en medio de tantas escaseces como padecía el erario. Tras de esto vinieron las tertulias patrióticas de los cafés, en que unos cuantos hombres despreciables sin principios ni instrucción predicaban las mayores sandeces, inculcando siempre la absoluta libertad e igualdad, y la soberanía del pueblo en el sentido de que entre el predicador y los oyentes fueran los soberanos de España, y debía hacerse lo que ellos quisieran. Al principio causaron risa estas especies de mamarrachadas que recordaban la infancia del arte dramático entre los griegos, pero luego tomaron un carácter más serio, porque empezó a acudir alguna chusma a los sermones, y se dio principio a las asonadas. Las primeras se dirigieron contra el ministro de guerra marqués de las Amarillas, diciendo que no hacia juego con los demás, porque no estaba comprometido ni había estado en presidio. Este digno general, bien conocido por su bizarría e instrucción, y uno de los dos sujetos que desde tiempo de don Gonzalo O'Farrill han llenado completamente la silla de Guerra, supo recibir con entereza y disipar aquella gentuza, conociendo que los que así atacaban a los ministros subirían el día siguiente contra el rey. Las bullangas y asonadas se habrían concluido por si mismas viendo que no producían efecto ni conducían a los empleos, si otros individuos del primer ministerio no las hubiesen promovido para amedrentar al rey a últimos del año 20, obligándole a sancionar leyes que constitucionalmente estaba facultado para desechar. Una asonada parecida a estas fue la que produjo el bárbaro asesinato del capellán de honor don Matías Vinuesa, hallándose preso en la cárcel de la corona, y después de sentenciada su causa. En el año de 1821 se nombró otro ministerio mucho más acomodado a las circunstancias, el cual trató de enfrenar a los bullangueros y depositó la primera autoridad de Madrid en manos del brigadier Martínez de San Martin, magistrado íntegro, activo, e inteligente, que no solamente supo dar fin a las bullangas, sino que mantuvo perfectamente tranquila y bien gobernada la capital mientras le duró el mando.

Pero los díscolos que no podían seguir el camino de la asonada y la violencia, se desahogaron por el de la imprenta, adonde no alcanzaba el brazo de la autoridad: dicterios, injurias y calumnias atroces era lo que vomitaban diariamente las prensas dando pábulo a la pública malignidad. Salieron a luz periódicos asquerosos e insultantes, y no hubo reputación, a cubierto de los tiros de unos cuantos díscolos, que aborrecían en los demás las virtudes que a ellos los afrentaban; y no solamente servía la imprenta para sostener la guerra de empleos, sino que la misma difamación llegó a hacerse un empleo u oficio lucrativo. Las leyes no bastaban a contener estos abusos, porque los juicios hechos por jurados se resentían casi siempre de la más arbitraria injusticia y parcialidad. Canciones groseras e insultantes contribuyeron también poderosamente a enconar los ánimos, y como está era el arma más al alcance de la ínfima clase, fue la que en ella causó mayores estragos.

Reuniéronse las Cortes, y alucinadas con el aplauso público y con la halagüeña perspectiva que se les presentaba, se encontraron hasta cierto punto en el mismo caso que el rey Fernando en 1814: ellas prodigaron gracias y recompensas, decretaron monumentos y plantearon oficinas como si tuviesen un pozo insondable de dinero, y no conocieron su error hasta que tuvieron encima el amargo desengaño. Amalgamadas con la mayoría del primer ministerio quisieron entre unos y otros arreglar todos los ramos de la administración pública en una corta temporada, de que resultaron el desorden y desaciertos que eran consiguientes; y cuando en 1821 nombró el rey el segundo ministerio, nunca lo pudieron atravesar, ni pararon hasta echarlo por tierra de un modo injusto, inconstitucional y ridículo. Calentadas las cabezas de los diputados con la soberanía nacional que les rebosaba del cuerpo a cada uno la partecita que le tocaba, trataron muchos negocios que no entendían y decidieron con aire magistral solemnes desatinos; se mezclaron en otros que no les competían, y cuando vieron que el poder ejecutivo iba perdiendo fuerza y opinión, lejos de reforzarlo lo debilitaron con todo empeño, o más bien fueron ellas las que desde un principio destruyeron el equilibrio político. Fue muy común por entonces llevar hasta el extremo las nuevas ideas, porque los que eran incapaces de comprenderlas se desquitaban con exagerarlas. La grande obra que debieron hacer las Cortes primeras fue el moderar o reformar la Constitución de 1812 que era inaplicable a la nación española según se vio palpablemente a los seis meses después de publicada en 1820. Acaso se habrían despopularizado algún tanto, pero su buen juicio y acierto las habrían elevado sobre las murmuraciones momentáneas de la turba ignorante, y el bien habría quedado hecho. No pensaban en eso seguramente, y si se observa el espíritu de la mayoría de los diputados y la tendencia de sus leyes y disposiciones, se concebirá que en caso de haber hecho mudanzas en la Constitución, habrían sido probablemente para despojar todavía más al rey o sea al poder ejecutivo, y apropiarse ellos algún poquito más de autoridad.

El rey que en un principio había llegado a entrar de buena fe en el sistema constitucional esperando que serviría de remedio a los males de la nación, y se había conformado con su suerte en obsequio del beneficio común, debió naturalmente llevar a mal que no se le guardasen todas las prerrogativas que la Constitución le señalaba, y que el poder legislativo hiciese frecuentes irrupciones en el ejecutivo. Sin entrar en profundas discusiones se conoce a primera vista, que no podía ser obligatorio un juramento arrancado a la fuerza, y que la obligación única que en el rey había de observar la Constitución, nacía del convencimiento y creencia que le asistiese de que había de contribuir a la felicidad de sus pueblos, mira principal de todo el que reina. Muchas veces se quejó con la Constitución en la mano de que se barrenaban e infringían sus artículos; y los ministros que debieron disipar y satisfacer estos primeros disgustos, parece que se empeñaron en agriarlos. Además de amedrentarlo por medio de amenazas y asonadas, se armó con un motivo bien frívolo otra bullanga en el mes de noviembre de 1820, y se le obligó a volver desde el Escorial a Madrid, donde recibió algunos insultos a su entrada. Algunos han comparado esta vuelta del rey a la de Luis XVI desde Versalles; pero en nada se pareció el terrible movimiento del pueblo de París que se arrojó en masa a cercar el palacio de sus reyes, a las demostraciones y dicharachos de unos cuantos gritadores de Madrid, sino en el resultado que en ambos casos se produjo de provocar un rompimiento entre los monarcas y los sediciosos, apoyados respectivamente en la Asamblea constituyente y las Cortes. Con estos malos tratamientos y las invectivas que vomitaban las prensas, ¿qué efecto había de causarse más que entibiar el ánimo del rey y hacerle tomar ojeriza a una Constitución que a todos cubría menos a su inviolable persona y autoridad? Póngase cualquiera en el lugar de un monarca así deprimido, y diga de buena fe que es lo que haría en tal caso. Falló ya la buena inteligencia y armonía tan indispensables en un estado: el rey decía que no era aquello lo que había jurado observar, y viendo que los demás, lejos de sujetarse a la Constitución se combinaban en contra del trono, es muy natural que desease también desasirse de aquellas trabas y arrojar tan fastidioso peso. Si a esto se agrega la presunción y aun evidencia de que el mal giro que iban tomando las cosas lejos de redundar en alivio de la nación, la conducía violentamente al precipicio, se conocerá que ni la inclinación de S. M. ni sus obligaciones, ni el deseo de hacer la felicidad de los españoles, podían conciliarse con una posición tan crítica y espantosa. Todavía se esforzó el rey para oponerse al trastorno de la máquina política por medios constitucionales, cuidando de que las autoridades desplegasen energía e hiciesen mantener el orden: a este efecto tenía unos auxiliares muy a propósito en los dignos individuos del segundo ministerio; pero esto mismo les atrajo la enemiga de las Cortes. De resultas de varios ataques que éstas les dieron para derribarlos, se presentaron los ministros al rey haciendo dimisión de sus destinos, y S. M. sintió tanto que se separasen de su lado los que podían servir de firme antemural al trono, que les hizo jurar que no le abandonarían en medio del peligro. Ellos procedieron como leales y cumplieron su juramento. Los esfuerzos de las Cortes se redoblaron hasta que consiguieron arrojar este ministerio que tanto les incomodaba, y en su consecuencia tuvo el rey que nombrar en marzo de 1822 el tercero, compuesto de hombres hábiles y apreciables; pero sus esfuerzos se estrellaron en el jacobinismo de las nuevas Cortes y sobre todo en el día 7 de julio de que hablaré en su lugar.

La milicia nacional que habría sido una institución utilísima si solamente se hubiese compuesto de propietarios, padres de familia y gente que tuviese interés en mantener el orden, produjo en un principio buenos efectos: todas las cosas al pronto parecen bien, los vicios los sacan más tarde. Las ideas de absoluta libertad e igualdad que iban cundiendo abrieron pronto la puerta a gentes que lejos de interesarse en el orden, no podían medrar sino en el desorden, y se prostituyó la institución. En el año 20 la ilusión y prestigio del nuevo sistema ocupaba exclusivamente los ánimos, y no habiendo oposición, no había motivo de acritud ni encono: hiciéronse descontentos por efecto de las reformas en que algunos realmente perdían o no ganaban lo que habían pensado, y aquí empezaron a enconarse los ánimos, chocarse las opiniones y formarse los partidos. La milicia nacional lejos de atajar estos males, les daba pábulo, y no pocas veces las autoridades en lugar de encontrar apoyo en ella para hacer obedecer las leyes, fueron contrariadas por sus individuos en favor de los bullangueros y alborotadores.

A principios del año 20 se puede decir que no había partidos en España: los que querían la Constitución, que eran la inmensa mayoría de los que pensaban y aun del pueblo, estaban unidos entre sí: los anticonstitucionales, como si no existiesen. En todas las crisis aun los que tienen más probabilidad de perder, se hacen todavía ilusión y creen que encontrarán cabida en el nuevo orden de cosas: de manera que los enemigos de la Constitución apenas vendrían a formar entre todos la misma fuerza, que los constitucionales de 1814 respecto de la mayoría de la nación, cuando el rey regresó a España. Hiciéronse a los principios algunas reformas indispensables, y se separaron de los empleos algunos hombres conocidamente enemigos de la Constitución e ineptos para desempeñar sus destinos, a cuyas circunstancias había quien reunía calidades muy denigrativas; hombres que jamás pudieran haber figurado en el mundo ni servido más que de estorbo e irrisión, a no ser por las artes de la camarilla u otras semejantes. Estas justas, necesarias y poco numerosas reformas se continuaron más adelante cuando ya la máquina andaba disparada, y se hicieron con toda arbitrariedad quitando tandas de una facción para sustituir tandas de otra (porque en la revolución se abusó de todo) con notable confusión y trastorno de los negocios. Los primeros reformados que en general lo fueron justamente, quedaron con buenos sueldos y con cierta consideración; algunos de ellos siguieron haciendo pretensiones sin dejar tecla por mover, y cuando se vieron enteramente desahuciados, tomaron uno de dos partidos por desquite; o se echaron en las filas de los bullangueros y jacobinos que admitía o a todo el mundo sin examen, o se pusieron a trabajar en contra del régimen constitucional y en favor del absolutismo. Unos pocos de estos se fueron a Francia con pasaporte, y allí se unieron al general Eguia, que en lugar de marchar a Mallorca adonde el gobierno acababa de destinarlo, se había pasado a Bayona un año después del restablecimiento de la Constitución, en cuyo tiempo no se le habían abonado sus pagas, o bien al señor Mozo-Rosales, conocido también con el título de Marqués de Mataflorida que había debido a S. M. por el intermedio de los religiosos de Atocha. Este residió en Tolosa, Urgel y Perpiñán presidiendo una regencia de que volveré a hablar más adelante, siempre en pugna con Eguia y los de su partido. No quiero atribuir a la nación las debilidades de algunos individuos, y al hablar de estas cosas no faltará quien se acuerde de que muchos que habían servido al intruso rey José hasta que se suprimieron sus oficinas o fueron despedidos por inútiles, se presentaron en Andalucía por los años de 1809, 10 y posteriores echándola de patriotas, y tuvo el gobierno legítimo que cargar con ellos.

Los amigos de la Constitución no perdían el tiempo; la masonería que había estado lánguida desde 1815 volvió a tomar una actividad extraordinaria; se levantaron columnas y abrieron logias por todas partes, y los principales promovedores de la asociación, bien que conociesen que todo lo que tiene de acomodada para trastornar un gobierno es malísima para consolidar otro cualquiera, quisieron comprometer mucha gente, y lograron incorporar en la hermandad a casi todos los oficiales del ejército, a la mayor parte de los empleados, y una buena porción de las otras clases del estado. Pero esta misma ostensión que se dio a la masonería desbarató el intento de los propagandistas, pues creció tanto la asociación que ya se parecía en algo a la sociedad civil, y en fuerza de tantos comprometidos cada uno se creyó libre de compromiso en su particular. Se dijo que al rey Fernando se le habían hecho invitaciones para alistarse en la masonería a imitación de José Napoleón y de algunos monarcas legítimos de Europa, pero que estos ejemplares no hicieron sensación en S. M. quien despreció la oferta.

Como en una reunión tan numerosa y extendida no podían ser uniformes las opiniones, la marcha de los sucesos que poco a poco fue desuniendo los ánimos de todos los españoles, produjo el mismo efecto entre los masones: los más prudentes se retiraron cuando vieron el desorden, y los más acalorados hicieron diferentes regularizaciones y depuraciones, en que variando las señas y reconcentrándose los apandillados, fueron dejando fuera a los que conocían tibios, mirándolos ya como enemigos. Visto el estado de desunión en que se hallaba la masonería, se formó a principios de 1821 otra asociación con el nombre de comunería aludiendo a las mal paradas comunidades de Castilla del siglo dieciséis. Esta sola alusión arrastró y alucinó a algunos hombres bien intencionados (¡tanto pueden las voces!) pero bien pronto tocaron el desengaño. Esta nueva asociación fundada por masones ambiciosos que cometieron una especie de apostasía, fue esencialmente más popular y jacobínica que la primera, y se aumentó con una rapidez increíble, porque no reparaba en descender hasta las clases más bajas para hacer prosélitos. Los masones depurados o gorros colorados y los comuneros o gorros morados estuvieron constantemente en guerra disputándose el mando y los empleos, y aunque los últimos eran más en número, triunfaron siempre los primeros: si las cosas hubiesen durado algo más, no habrían tardado los comuneros, en hacerse dueños del campo llevando por delante el terrorismo. Otra tercera sociedad intentó formarse de las heces de aquellas con el nombre de carbonarios venido de Italia, pero eran tan malos todos sus elementos, que solo hubieran podido sacar la cabeza con el tiempo, y detrás de los comuneros entre las más horrorosas convulsiones de la anarquía. También los absolutistas que luego empezaron a trabajar contra la Constitución, formaron sus sociedades clandestinas para combinar sus esfuerzos y asegurar sus comunicaciones.

Todas estas sociedades hacían la guerra al gobierno hasta llegar a apoderarse de él: en su contraposición estaba el partido moderado, que se componía de hombres de principios e ilustración, enemigos de las pandillas secretas o desengañados de ellas, los cuales hacían todos sus esfuerzos para sostener al poder ejecutivo conservando el equilibrio político. A medida que iban viendo torcerse la marcha de la revolución, conocían la necesidad de modificar las instituciones reformando el código constitucional, y trabajaban para lograrlo. Se propusieron formar una junta o sociedad político-literaria para escribir un periódico y combatir por todos medios las doctrinas y tentativas de los desorganizadores, pero el proyecto se quedó casi en embrión. Este partido moderado a cuyo triunfo propendían también los escritores afrancesados en papeles muy apreciables que escribían con imparcialidad y desinterés, vino a ser el punto de reunión de los hombres juiciosos y honrados de toda la monarquía: cuanto más se enredaba la tempestad por todas partes, tanto más apetecible parecía este asilo. Ellos pudieron haber hecho la felicidad de la nación, si hubiesen tenido más energía en los momentos decisivos: esta es la gran falta que se les puede echar en cara. Verdad es que muchos hombres de principios moderados parece que tienen como por esencia serlo también en sus obras, pero quizá no les queden más que ojos para llorar los tristes resultados de su quietismo. Solón determinó por una ley solemne bajo severas penas, que en los disturbios civiles todo ciudadano se declarase abiertamente por un partido, con objeto de que los hombres juiciosos y respetados de la multitud pudiesen con su austeridad y peso inclinar la balanza al lado de la justicia y conveniencia pública. Si semejante ley se hubiese observado en España, si los hombres de algún valer, lejos de arrinconarse durante la tormenta se hubiesen arrojado en medio de ella, no habría degenerado la revolución de un modo tan espantoso. A la sombra de estos hombres moderados cuya divisa ha sido la constancia en unos mismos principios políticos, se han sostenido (como la cizaña junto al trigo) otros que pudieran llamarse seudomoderados, porque careciendo absolutamente de principios y opiniones, solo estaban esperando a ver de qué parte soplaba el viento para seguirlo y acomodarse a todo, comiendo a dos carrillos sin comprometerse nunca. Tan apreciables como son los primeros a los ojos de la razón, son despreciables los segundos; pero estos son los que saben hacer a todos palos, vuelven casaca a tiempo y pillan empleos bajo todos los gobiernos.

Mas cuando se conoce evidentemente que el sistema constitucional se edificaba sobre cimientos de arcilla, es al considerar el estado de la hacienda pública, base de todo edificio político, y barómetro seguro de la prosperidad de las naciones y consistencia de sus gobiernos. El primer ministro de Hacienda nombrado en 1820, empeñado en adquirir celebridad por cualquier medio, y a quien no quiero nombrar en castigo como hicieron los griegos respecto del que había querido ganar fama quemando el templo de Diana en Efeso, era el reverso de la medalla de don Martin de Garay. Aquel fue el que en realidad manejó la hacienda durante los tres años, el que intentó cubrir las atenciones públicas con repetidos empréstitos y el que a troche y moche empezó a quitar y poner tandas de empleados formando una nube de cesantes y descontentos, con otras hazañas memorables. También introdujo en España los medios luises con pérdidas enormes para la nación, aunque esta sucia maniobra se atribuyó injustamente a un diputado, que si bien no fue autor de ella, discurrió la peregrina idea de aumentar el crédito del estado a fuerza de aumentar su deuda. Para ser un hombre público, para desempeñar bien el papel de ministro, no basta haber leído algunas docenas de libros y conservar en la memoria unos cuantos extractos de expedientes; se necesita tener juicio y capacidad para digerir las doctrinas, prudencia para combinarlas y tino para aplicarlas. En suma, el ramo de Hacienda no prosperaba ni ofrecía estabilidad; y aunque la nación conservaba todavía algunos recursos, no hubo juicio en el modo de usarlos: entre otros se echó mano de la enajenación de fincas del estado, punto importantísimo que examinaré más adelante porque de él depende en gran parte el crédito del gobierno español en el día.

En medio de todos los males que se tocaban en la marcha constitucional, algunos de ellos, hijos de los tiempos, aún podía haberse restablecido el equilibrio político, robustecido el poder ejecutivo y reformado la constitución, y tras de ella, algunos puntos de la legislación antigua y moderna. Los bullangueros, los individuos de sociedades secretas y los perturbadores de todas clases se iban desuniendo, y los desengañados venían a aumentar el partido moderado, los díscolos perdían fuerza y los bienintencionados la adquirían; el rey podía contar con los moderados en términos, razonables, y lisonjearse de que los más bien entendidos esfuerzos se dirigían a aumentar su autoridad y sacar la majestad real de la dependencia en que se hallaba, cuando las ocurrencias del 7 de julio de 1822 vinieron a echar por tierra esta apacible perspectiva y cambiar totalmente la faz de las cosas. Pero este punto merece tratarse con separación, por que empieza una nueva época en el régimen constitucional, enteramente distinta de la primera.

Del día 7 de julio

Los insultos que unos cuantos locos prodigaban al rey cuando se presentaba al público, incomodaron a todos los que sabían pensar porque conocían el mal termino de semejantes atentados: el cuerpo de guardias de corps había sido extinguido de resultas de que algunos de sus individuos habían hecho frente a los gritadores aunque sin plan ni combinación, privando a S. M. de los esfuerzos que pudiera esperar de todo el cuerpo reunido. A mediados de 1822 fueron insultados repetidas veces los batallones de la guardia de palabra y aun de obra, en términos de exasperar a los soldados, y ponerlos en el trance de vengar con los suyos los agravios hechos al rey. Si los batallones de guardias se hubiesen limitado a escarmentar a los bullangueros, habrian cumplido con su primera obligación que es defender la real persona, se habrían evitado una derrota y habrían producido al Estado el grandísimo bien de dar fortaleza al poder ejecutivo, auxiliando al partido moderado. De cualquier modo, es muy digno de notarse que las mismas tropas cuya mayoría había contribuido dos años antes a que el rey jurase la Constitución, estaban tan mudadas de opinión que propendían al extremo opuesto: este mismo efecto iban produciendo lentamente en toda la nación las demasías de los bullangueros. El día 7 de julio fue destrozada en Madrid la guardia de infantería, quedando extinguido el cuerpo, con lo cual dieron en adelante los milicianos nacionales el servicio de palacio, y los exaltados se apoderaron de todo. Cayó en el momento mismo el ministerio, y entró en su lugar otro de exaltados: mudáronse las autoridades, y el partido moderado quedó reducido a una absoluta nulidad. Perdióse la esperanza de componer las cosas, y ya no quedó medio de contener el torrente demagógico que amenazaba una destrucción general. Los exaltados acabaron de desunirse cuando se vieron dueños del campo, porque no hubo medios para satisfacer la ambición y miras de todos; se dividieron y subdividieron en diversas pandillas y facciones, haciéndose sucesivamente la guerra unos a otros, porque las revoluciones son como Saturno que devora a sus propios hijos; y los escándalos que promovieron entre sí, contribuyeron no poco a la caída del sistema. Desaparecieron la libertad y la tolerancia del suelo español, y ya no hubo más que licencia y desenfreno para la facción dominante, opresión e insultos para todos los demás. Entonces sí que la posición del rey Fernando se pareció bajo muchos aspectos a la de Luis XVI, y las Cortes recordaban en su frenesí los días de la Convención. Los hombres de previsión se estremecían al considerar el precipicio en que iba a sumirse la monarquía, y conocieron que en aquel estado no podían seguir por mucho tiempo las cosas, amenazando continuamente una crisis difícil de explicar.

Entonces comenzó a inspirar verdaderamente lástima la situación del rey y de la nación; tomaron mayor incremento las partidas armadas para derrocar el jacobinismo que erguía su furiosa cabeza, y el desgraciado Fernando fue objeto de la atención de naturales y extranjeros. El gobierno realista que se había formado en la frontera de Cataluña tomó una actitud más imponente desde el 15 de agosto siguiente con el título de Regencia presidida por el marqués de Mataflorida; hizo gestiones cerca de los soberanos de la Santa Alianza implorando su protección, y en sus declaraciones, decretos y peticiones nunca se separó de clamar por el gobierno absoluto, tal como lo habían ejercido en las últimas centurias los reyes de España y su consejo. El general barón de Eroles, individuo también de la Regencia, profesaba ideas más moderadas que sus compañeros, pues en una proclama dirigida el mismo día 15 de agosto a los catalanes para animarlos a armarse contra la anarquía, les decía entre otras cosas: «Viviremos esclavos, no de una facción desorganizadora, si solo de la ley que establezcamos»; llamamiento que produjo mucho efecto en el principado. Las fuerzas superiores de Mina ocuparon después militarmente el país y se apoderaron de la plaza de Urgel donde se había establecido la Regencia; pero cuando las tropas francesas verificaron en el año siguiente su entrada en la Península, el general Eroles contribuyó muy principalmente con sus luces y experiencia al feliz éxito de la campaña de Cataluña, única que pudo llamarse tal en España; ayudó con su brazo a vencer la tenaz resistencia de los constitucionales, e interpuso su autoridad o influjo para templar los ánimos que estaban sumamente enconados de resultas de la guerra civil. Por la parte de Navarra estaba en Francia el anciano Eguía con otros generales haciendo lo que podían, hasta que el gobierno francés, que deseaba atajar el espantoso desorden de la anarquía y evitar su propagación, conoció que necesitaba obrar activamente y trató según parece de buscar los medios que sugiriese la prudencia para asegurar el éxito. Cuan acertado haya sido su plan y con cuanta sabiduría y tino se haya combinado, el resultado lo está diciendo. El gobierno francés sin embargo lo calculaba todo, y su previsión no se limitaba a vencer a los anarquistas haciendo triunfar los principios monárquicos, sino que al destruir un gobierno vicioso y turbulento, quería sustituirle otro que pudiese hacer realmente la felicidad de la España. Sereno, y viendo desde lejos la borrasca, tendía la vista con más seguridad que los mismos españoles, obcecados y acalorados en diferentes sentidos; y conociendo que si el sistema constitucional de España no era acomodado a las circunstancias, tampoco lo era el anterior de los seis años, trató de hacer la cosa por completo, buscando entre ambos extremos un gobierno monárquico, sabiamente templado por instituciones capaces de anonadar la revolución y servir de escudo a la verdadera libertad. Estaba reservado para el sabio y virtuoso Luis XVIII ofrecer al mundo el ejemplo de un mediador armado, que lejos de utilizarse en lo más mínimo, se aprovecha únicamente de su superioridad e influjo para procurar asentar sobre bases sólidas e indestructibles el bienestar de los pueblos y el esplendor del trono de su aliado. Con esta mira se dieron pasos con algunos de los españoles refugiados en Francia para que entrasen en la idea de modificar la constitución de 1812, o reformarla acomodándola a los principios monárquicos y al estado, de la nación. Parece cosa averiguada que la mayoría de la regencia de Urgel no entró en estas miras, y si los de la parte de Navarra, que por, convencimiento o por necesidad se prestaban a ellas, y de ahí el principal motivo de la enemiga que hubo entre unos y otros. El gobierno francés siguiendo su idea miró por lo mismo con cierta indiferencia a los primeros, y de los segundos fue de los que formó la junta provisional de gobierno de España instalada en Oyarzun el día 9 de abril de 1823. La revolución de España marchaba con rapidez a estrellarse y dar en un precipicio: arrinconados los moderados, fueron insultados también por los jacobinos y apellidados por ellos con el nombre de serviles, que se había dado constantemente a los partidarios y fautores del despotismo. Los alborotadores sin freno ya ni respeto a las leyes, se abandonaron a todo género de excesos: insultos, asesinatos, persecuciones injustas del clero, deportaciones, y canciones asquerosas era lo que se repetía a cada momento en las grandes poblaciones, y no hay hombre con dos dedos de frente que no conozca que a no haber sido atajados oportunamente, se habrían ido siguiendo los pasos de la revolución francesa, aunque con más lentitud, en razón de que en Francia el movimiento era más grande, más popular y más violento. Los excesos de los falsos constitucionales provocaron la furia de los realistas, la obstinación de estos aumentó el frenesí de aquellos, y de esta manera se encendían más y más los ánimos y se arrojaban a mayores atentados. Los pueblos que esperaban paz, abundancia y prosperidad según se les había prometido, se desengañaron bien amargamente. El carácter español naturalmente templado y circunspecto se resintió de tamaños desordenes, y llegaron a incomodarse hasta los más indiferentes. Las contribuciones se exigían ya al último con el mayor rigor, se multiplicaron las quintas o contribuciones de sangre, y convirtiéndose las provincias fronterizas de Francia y después otras del interior en teatro de una guerra asoladora, sufrieron los pueblos vejaciones increíbles. En tal estado de cosas era natural que aborreciesen ya un sistema que tantos males les traía, y deseasen tener cualquier otro gobierno en que les fuera mejor. Como no faltaba por todas partes quien los incitase a favor del rey absoluto, entraron fácilmente en esta idea, no porque supiesen realmente la diferencia que había de un sistema a otro, sino porque apetecían sacudir el yugo que les oprimía en el régimen constitucional, y salir de los males presentes, prometiéndose grandes mejoras con la mudanza. Sin embargo la campaña de Mina de 1822 en Cataluña y los preparativos hechos por todas partes, indicaban que en la primavera de 1823 habrían quedado deshechas y aniquiladas todas las partidas que andaban levantadas en contra de la Constitución, a no haberse cruzado las tropas francesas; y sobre la sangre de aquellos infelices se habría levantado el trono asolador del terrorismo.

El rey Fernando, destituido de apoyo y de un partido efectivo con quien contar, quedó entregado a discreción de los exaltados sin escudo que pudiera libertarlo de los golpes de sus enemigos. Se constituyó como en arresto en su palacio para evitar el ser insultado siempre que se presentase para salir a paseo, y necesitó toda la resignación y serenidad de que quiso Dios dotarle, para no ser víctima de tantos padecimientos. Viendo que no era rey más que en el nombre, que los ministros daban casi todas las providencias importantes sin noticia suya, y que la Constitución era el comodín de los vociferadores, procuró interesar en su suerte a los demás monarcas de Europa y alentar por diferentes medios a los españoles que habían tomado las armas para sacarlo de aquella penosa situación. Por fortuna los soberanos aliados estaban acordes entre sí, y determinaron el 14 de diciembre en Verona atajar el vuelo a la anarquía que devoraba el territorio español amenazando al resto de la Europa. Una de las mayores ventajas de la civilización consiste en las relaciones íntimas que establece entre los diferentes pueblos, por donde la gran sociedad europea se interesa actualmente en el bien de cada una de sus partes: si las naciones antiguas no hubiesen estado aisladas entre sí, no habrían sido subyugadas tan fácilmente por los romanos. Retiráronse de Madrid casi todos los embajadores extranjeros, y todavía la Inglaterra hizo gestiones por medio del suyo y de lord Somerset, comisionado especial, para obtener una modificación juiciosa en la constitución española, a fin de alejar el rompimiento que de otro modo era inevitable. Los pasos generosos de los ingleses que sin duda obraban en el mismo sentido del gabinete francés, fueron infructuosos: el partido moderado no tenía energía, y entre los exaltados la mayor parte inferían de estas gestiones que la Inglaterra estaba decidida a sostenerlos con todas sus fuerzas, y algunos pocos, menos visionarios, que particularmente se convencían de la razón, no se atrevían a hablar una palabra en público. Puestos en el borde mismo del precipicio respiraban generalmente con arrogancia porque no conocían el verdadero estado de las cosas, y se figuraban en su delirio que habían de plantar la Constitución española en las torres de París, en el Kremlin de Moscú, y aun encima de las medias lunas de Santa Sofía. Siempre la presunción es compañera de la ignorancia.

Conforme se iba aumentando la probabilidad de la entrada de las tropas francesas en España, se advertían mutaciones en los partidos: muchos exaltados bajaron la voz y se prepararon para poder dar un salto y arrimarse al nuevo Sol que más calentaba; y si es cierto que todos los extremos se tocan, no debemos extrañar la admirable facilidad con que los más furibundos jacobinos han mudado de principios y de casaca, y han sido admitidos en las filas de los campeones de la fe. El que toma el vocear por oficio, el mismo trabajo tiene en gritar una cosa que otra; su objeto es marchar siempre en la vanguardia de las mutaciones políticas para medrar: así es como cuando se remueven las aguas sube el fango a la superficie. Otros pocos se desengañaron de buena fe de las locuras que habían cometido, y por el contrario algunos que habían pasado por moderados, se acaloraron y ofrecieron el fenómeno de ponerse al frente de los jacobinos. Si este paso no fue ya un cálculo errado o un extravagante deseo de captarse el aura de los bullangeros, puede atribuirse a una mal entendida firmeza o fatalismo en seguir la misma suerte que la Constitución; pero de todas maneras es indisculpable. «Salvemos la patria —decían con afectada hipocresía— y luego podemos pensar en mejorar las instituciones»; pero bien sabían que la guerra no era a la patria sino a las instituciones mismas, y si acaso las tropas francesas hubieran sido batidas, ¿quién sería el guapo que se hubiese atrevido a tocar una sílaba de la Constitución? Nadie, y por el contrario se habría entronizado indudablemente el terrorismo. Si estos hombres que arrimaron la mano al timón de los negocios conocían el estado de los pueblos, ¿a qué fin se arrojaron en una empresa que tan mal les había de salir y que tan graves prejuicios ha acarreado a la nación? Y si no lo conocían, ¿a qué se mezclaron en cosas que no entendían? ¿No preveían que siempre se les había de hacer un cargo terrible de haber hecho odiosa la libertad? Mucha imprevisión, mucho orgullo y mucha ignorancia pueden solamente explicar la conducta de los últimos gobernantes constitucionales, a menos que prefieran la execración que se merecen algunos jacobinos, que decían públicamente que más bien querían el más duro despotismo que la Constitución modificada de cualquier manera. Ni es de extrañar que así se explicasen los que conocían que la Constitución reformada prudentemente, había de destruir de raíz la licencia y el desorden, cuando su elemento propio y exclusivo era el código de la anarquía, como llamo por chiste uno de sus corifeos a la Constitución de Cádiz, y en ello dijo una verdad solemne.

Si se leen las proclamas de los jefes de partidas realistas, si se pregunta particularmente a los que tomaron las armas para incorporarse en ellas, se verá casi siempre que lo hicieron porque veían que la Constitución no se observaba. Tienen razón; si se hubiese observado al pie de la letra, ni se habría turbado la paz ni se habrían hecho descontentos: con solo guardar el artículo que prescribe que los españoles sean justos y benéficos estaba hecho todo. Pero como la Constitución debía regir entre hombres y no entre ángeles, no se observó porque era inobservable: si los hombres no tuviesen defectos, para nada se necesitaban las constituciones ni las leyes. Uno de los más exaltados diputados a Cortes escribía en 1818 estas palabras copiadas de un filósofo:

La idea de obedecer y mandar a un mismo tiempo, de ser súbdito y soberano a la vez, exige demasiadas luces y combinaciones para que pueda ser ni bien manejada ni bien percibida, sin una previa y larga educación de los pueblos. Las virtudes mismas tienen necesidad de medida y deben temer el exceso de su práctica. En especulación podemos ir tan lejos como nos agrade, elevarnos hasta lo infinito; pero en la práctica, en la realidad, hay un término en que es oportuno detenerse.

Estas verdades que no se habían tenido presentes al formar la Constitución de 1812, parece que las olvidó también el diputado que las copiaba y lo mismo sus compañeros cuando en 1821 y 22 había demostrado prácticamente la experiencia los errores en que los constituyentes habían incurrido. Por más que se clamoree, la Constitución no marchó porque no podía marchar, volcó porque tenía las ruedas desiguales; y casi todos sus partidarios han demostrado con su conducta, que estaban persuadidos de que no podía parar en otra cosa. No bajan de ochocientos mil los individuos que han estado alistados en la milicia nacional, a los cuales si se añaden los empleados, los militares, los individuos que han estado alistados en la milicia nacional, a los cuales si se añaden los empleados, los militares, los individuos de sociedades secretas, los secularizados y los compradores de bienes nacionales, se verá que llegan a un millón los que podían considerarse comprometidos por el régimen constitucional y forman con sus familias la mitad de la población total de la península.

La posteridad podría admirarse de que tantos individuos hayan defendido con tan poca fuerza sus opiniones, sus derechos y sus propiedades: pero la explicación es muy sencilla. Si en el año de 1820 hubiese sido atacado por un ejército extranjero el régimen constitucional, la resistencia habría sido obstinada y muy firme: los ánimos estaban unidos, la marcha política no había sido manchada con delitos, y nadie pensaba sino en el abismo que dejaba a la espalda, sin ver delante de sí sino la más halagüeña perspectiva. Pero luego que se torció la marcha de las cosas, los ánimos se enfriaron y se dividieron según queda indicado: muchos jóvenes que habían tomado el uniforme solo por lucirlo, o por no ser menos que sus compañeros, o bien por conservar sus desatinos o por otras razones análogas, no quisieron hacerse responsables de los desórdenes que iba cometiendo la milicia y se retiraron de ella; lo mismo hicieron no pocos sujetos muy apreciables que se habían alistado en un principio para contribuir con su autoridad y ascendiente a conservar las propiedades y mantener la tranquilidad y el orden. Por todas partes los que no se creían comprometidos por excesos o crímenes positivos o por su comportamiento en los años anteriores al de 1814 iban dejando solos a los vocingleros y exaltados, los cuales aunque quedaron reducidos a corto número (pues de ellos muchos se pasaron, como dije, a las filas contrarias) no se perturbaron en ningún modo porque nunca creyeron en la invasión extranjera, y más bien se alegraron de que fuese estrechándose cada vez más el círculo de los apandillados entre quienes repartirse los empleos. Los moderados y los que habían permanecido pasivos, jurando la Constitución cuando el rey se lo mandó, y obedeciendo en todo las órdenes de sus jefes, nunca pudieron prever que hubiera de hacérseles un cargo de los excesos de los jacobinos, cuando lejos de apoyarlos los habían contrariado; y así en lugar de esforzarse como debían vencer por sí a los anarquistas, lo remitieron al brazo extranjero que veían cercano.[21] Los compradores de fincas y otros muchos, se hacían ilusión como siempre odian los exaltados de ambos estrenaos, prueba segura de que tiene por divisa la razón y la templanza: es el único que procede por principios, todo lo demás son exageraciones, e intereses personales.

De la entrada de las tropas francesas en España

El día 7 de abril de 1825 pasó el Bidasoa el ejército francés con su generalísimo al frente, y aunque nada puede escribir mi pobre pluma digno de atención después de los repetidos testimonios de admiración y gratitud que la España y toda la Europa han tributado a tan ilustres guerreros, sin embargo es preciso, o no nombrarlos, o formar su elogio. En dos meses recorrieron la península y llegaron a la vista de Cádiz observando por todas partes la más exacta disciplina y desplegando todo género de virtudes: ellos moderaron el furor de los partidos, contuvieron las venganzas e hicieron respetar las propiedades. Las tropas constitucionales y las plazas que les hicieron frente

---

21   El verdadero elogio del partido moderado en España (hablo de los hombres de principios, no de los zánganos parásitos, prontos siempre a seguir el viento que sopla) consiste en que aun en el día lo nos sucede, y creían que nunca serían despojados de lo que poseían con títulos no despreciables: los empleados soñaban también que conservarían sus empleos, y todos en general desde los altos hasta los bajos querían sacudir la insoportable carga de los jacobinos, en la firme persuasión de que cualquiera cambio de cosas había de serles ventajoso. Los descontentadizos, los atrasados en el cobro de sus sueldos, los vagos y demás turba que habían preparado por su parte la revolución de 1820, contribuyeron también a facilitar la de 1823 y allanar el camino a las tropas francesas que estaban en la frontera.

no añadieron sino motivos y ocasiones de manifestar su valor, su destreza y su humanidad. Si S. A. R. el señor duque de Angulema puede gloriarse de haber hecho una campaña brillante y sabiamente combinada, si puede lisonjearse de haber cortado las siete cabezas de la hidra revolucionaria, libertado al rey Fernando y estorbado que el suelo español se viese manchado con los más horribles delitos, su amor propio no debe estar menos satisfecho de haber mandado un ejército de soldados como los pacificadores de España. Trataron con la mayor consideración a los pueblos sin mezclarse en su gobierno, y pagaron con toda escrupulosidad cuanto necesitaron. Esta conducta tan opuesta a la de los constitucionales que por falta de recursos tenían que vivir sobre el país, hizo que fuesen generalmente recibidos con los brazos abiertos, por los mismos que diez años antes oían con horror el nombre francés y les hacían la guerra a muerte: ¡tanta fuerza tienen el tiempo y las circunstancias! Al abrigo de las tropas francesas y algunos cuerpos españoles se apresuraron los pueblos a echar abajo las lápidas; y aunque eran inevitables y muy disculpables algunos excesos en la reacción provocada por los insultos y vejaciones de los tragalistas, se pasaron ya de raya por lo general. Como la gente pudiente de los pueblos había tomado alguna parte u otra en el régimen constitucional, ya alistándose en la milicia, ya comprando fincas, la ínfima clase fue la única que se encontró exenta de tachas, o porque no había hecho en el anterior sistema más papel que el de siempre, o porque en la gente baja no se notan ni resaltan las manchas. Ello es que el bajo pueblo fue el que levantó el grito por todas partes, y nunca se ha podido decir con más razón que el populacho era soberano de hecho, que lo fue entonces en España; siendo preciso confesar aunque con dolor, que si los primeros desahogos admitían disculpa, hace poco honor a muchos pueblos el haber permitido que algunos díscolos prolongasen las venganzas y desórdenes hasta el día de hoy, que han tenido sobrado tiempo para calmar su efervescencia. Sin embargo es muy digno de notar que a pesar del entusiasmo que desplegaron los pueblos, ninguno se atrevió a moverse por considerable que fuese, mientras tuvo dentro algunos soldados constitucionales: las oleadas de la plebe especialmente cuando obra por sí sola, se parecen a los fuegos fatuos que siguen al que huye, y huyen delante de quién los sigue. Viva el rey y la religión y muera la patria y la nación... mueran las leyes, son gritos que se repitieron muchas veces, y las canciones de que iban acompañados eran tan insultantes como las de los tragalistas, pero más impúdicas y obscenas. ¡Y cuántos gritaban viva el rey absoluto que estaban cansados de gritar viva Riego! Así es que la población que lograba ser ocupada por regimientos franceses, se tenía por muy feliz, porque siempre contribuyeron aunque con suavidad y prudencia al mantenimiento del orden y defensa de las propiedades, razón por la cual en muchas partes empezó la plebe a mirarlos con malos ojos, pues se le figuraba que el no dejarla cometer cuantos excesos se le antojasen, era favorecer a los constitucionales.

Entre tanto el grueso del ejército francés avanzaba sobre Madrid sin encontrar el menor obstáculo por el camino, y los ánimos estaban en ansiosa expectativa. Nada diré del pensamiento que le vino al conde de Avisbal de servirse de las bayonetas que tenía a sus órdenes para reformar el régimen constitucional, porque no supo realizarlo: los constitucionales desaparecían como el humo delante de las tropas francesas porque ni los soldados querían batirse, ni los oficiales estaban unidos, ni podían contar para nada con los pueblos. Con el ejército francés llegó también la junta provisional de gobierno creada, según dejo indicado, a las márgenes del Bidasoa, la cual tendría seguramente muy pocos españoles donde escoger, cuando echó mano para secretario de un sujeto que no podía prestarle el mayor crédito y autoridad. Aunque los individuos de esta junta parece que eran de los que habían entrado en las miras del gobierno francés para la reforma de la constitución, bien fuese porque el entusiasmo que advertían en los pueblos los desorientase, o porque estando al frente del gobierno de España se considerasen ya libres para enunciar sus verdaderas opiniones, o por otras causas, lo cierto es que no respiraron sino el más puro absolutismo. Obraron, no como gobierno de la nación, sino como caudillos del partido qué con auxilio extranjero quedaba encima.

En el momento mismo de llegar a Madrid, fue disuelto este gobierno y nombrada una regencia de cinco individuos con arreglo a las leyes, la cual empezó a desempeñar las funciones del gobierno durante la ausencia y cautividad de S. M. Tampoco produjo todo el efecto que era de esperar, porque se componía de personas resentidas, y éstas nunca han sido buenas para terminar una revolución: dominada la regencia por la opinión de los que habían entrado con aire de triunfo en Madrid a retaguardia del ejército francés, se dejó llevar a medidas extremas que en lugar de curar los males, solo servían para aumentarlos. Se hizo un estudio particular en confundir a los constitucionales juiciosos, moderados y desengañados, con los más exaltados jacobinos, a los que habían sostenido y defendido al rey con los que lo habían injuriado, y también entonces los que se llamaban realistas puros estrecharon cada vez más su círculo, para que en aquella red se quedasen todos los empleos. ¡Fatal empleomanía! Ella es la que ha arruinado a la España: ella la que ha inventado las voces de adictos, comprometidos e identificados, que tanto en un sistema como en otro han sido los más poderosos instrumentos para derribar por sí solos la máquina del estado: ella, la que ha suscitado escisiones cuando más se necesitaba la unión, y ella, la que ha sostenido, sostiene y sostendrá el germen de la guerra civil en cualquier gobierno que se establezca en la península. Los méritos con que todos procuran revestirse, de patriotismo, decisión, realismo, liberalismo, etc., casi siempre pueden reducirse en realidad a la empleomanía; pero ¿qué extraño es que este sea el flaco de los españoles y la polilla de su gobierno, si casi todos los que llevan corbatín se han educado para tomar carrera en que vivir a costa del estado? Y no se crea que solamente en España se adolece de este mal, disimulable hasta cierto punto en una nación falta de capitales y de industria, y cuyo gobierno no ha sabido dirigirla; pero ¿qué diremos del senado francés de 1814 que al redactar la Constitución que había de presentarse a la aceptación de Luis XVIII, puso por artículo que los mismos senadores de tiempo del imperio habían de continuar en sus destinos y pensiones, perpetuándose en sus familia? Asombro debe causarnos lo que pasa en Inglaterra, donde es frecuente desechar empleos de 7 u 8 mil libras esterlinas (800,000 rs. anuales) aun sin conexión inmediata con la política, solo por no faltar en un ápice a la fidelidad de partido.[22]

La saludable influencia del gobierno francés se conocía algún tanto en la marcha de la regencia española, ya creando un ministerio del interior para atender a los vastos e interesantes ramos de gobierno que en el día están cometidos al consejo de Castilla o sobrecargan los otros ministerios, ya im-

---

22 Madame de Staël, Considerations sur la révolution francaise, tomo III.

pidiendo el restablecimiento del tribunal de la Inquisición por no ser política ni necesaria esta medida. Con efecto si la Inquisición procediese en estos tiempos como en el siglo XVII, no convenía su existencia, y si la Inquisición no venía a ser en realidad más que un suave y mal montado tribunal de policía, es innecesario e ineficaz. El gobierno francés bien que se admirase de la facilidad con que caminaban sus ejércitos, no se dejó alucinar por la efervescencia del momento y por las demostraciones de los pueblos: todo aquello se reducía a destruir, y era preciso pensar en edificar.

El rey Fernando estaba reducido desde el 7 de julio a hacer un papel meramente pasivo: el 20 de marzo de 1825 fue arrancado de Madrid y conducido a Sevilla sufriendo repetidos insultos y humillaciones, y el día 11 de junio fue destronado por los jacobinos como para dar una muestra de lo que eran capazos de hacer. ¡Véase si había motivos para suponer que en el último período caminaba la suerte de Fernando VII a pasos agigantados a unirse con la de Luis XVII Con efecto la medida que las Cortes tomaron de suspender al rey del mando durante la traslación a Cádiz, es lo más inconstitucional, lo más injurioso, atroz y criminal que puede darse. ¿Acaso los que condujeron a su monarca desde Madrid a Sevilla, no podían haberlo hecho desde Sevilla a Cádiz sin necesidad de atentar tan escandalosamente a las consideraciones, que a lo menos en lo exterior habían procurado conservarle? Viendo ya que las Cortes le despojaban de su autoridad, se atrevieron otros a atentar contra su persona, y según relaciones contestes habría sido sacrificado S. M. y su real familia cerca del pueblo de Lebrija durante la traslación, si el coronel de un regimiento exaltado no se hubiese interpuesto por un movimiento de lealtad y acaso también de compasión. En Cádiz permaneció el rey hasta el día 1 de octubre, y las Cortes siguieron delirando, aunque a los más esforzados gritadores se les iban acabando los fuegos conforme se acercaba el peligro: nunca los descarados ni los que vocean e insultan en público han sido valientes.

Seis meses se pasaron desde la entrada de las tropas francesas en España hasta la libertad del rey: los atentados cometidos el 11 de junio y posteriormente, hicieron caer las armas de la mano a los que tenían la desgracia de hallarse en las filas constitucionales, y por todas partes se hicieron capitulaciones con los generales franceses, que procedieron en cuanto estuvo a su arbitrio como verdaderos pacificadores. Pero al paso que se sometían los ejércitos constitucionales y que la regencia veía extenderse su autoridad, crecían las dificultades de su posición: sin instrucciones que seguir y sujeta a interpretar conjeturalmente la voluntad del rey, se dejó llevar del impulso que veía dominar en los pueblos, por donde contribuyó a aumentarlo. Como las vejaciones y resentimientos habían sido infinitamente mayores en los tres últimos años que en la época anterior a 1814, también la reacción fue mucho más fuerte y extremada: todo se hizo volver violentamente al estado que tenía en principios de 1820, y se quería retroceder hasta el siglo XII si hubiese sido posible. Los más fervorosos clamaban por lo antiguo sin hacerse cargo de que no hay cosa antigua que no haya sido moderna, y que tanto podían remontarse, que se dejasen atrás la creación de la mayor parte de los empleos del día, cosa que no les acomodaría seguramente. La posición del gobierno era delicada, pero de todos modos es evidente que siendo muy fatal y miserable el estado de la nación en 1819, el volver a él era lo mismo, que meterse a ciencia cierta en un atolladero. Volvieron a sus destinos los que habían sido separados en los primeros días del régimen constitucional con algún motivo, (no los que después lo habían sido arbitrariamente por las facciones) y no pocos de aquellos debieron dar gracias a su ineptitud o poco recomendables circunstancias, pues ellas les proporcionaban ser repuestos en ésta oleada. Dióse por nulo cuanto el rey había hecho en los tres años anteriores, como si todas sus disposiciones hubiesen sido forzadas y nocivas, se arrancaron con acritud a los compradores las fincas vendidas por el crédito público, y se puso tal empeño en acreditar de fantástico y quimérico el tiempo transcurrido bajo el régimen constitucional, que casi negaba uno a dudar si aquellos tres años debían o no contarse real y efectivamente en el curso de la vida. Algunos de los que estaban en el candelero se habrían alegrado de que aquel tiempo hubiese quedado sumergido en las aguas del Leteo, porque tenían algunas manchas positivas y recelaban que llegasen a descubrirse: los que más gritan suelen ser los que más tienen que tapar. Pero tan imposible es que deje de haber sido lo que fue, como anonadar de golpe los nuevos intereses creados durante la revolución, y apagar de un soplo las luces y las nuevas opiniones que si bien cundieron envueltas entre errores, han hecho mella por todas partes, y adquieren mayor fuerza y elasticidad a medida que son comprimidas. ¡Ojalá que todo cuanto se hizo o se intentó hacer durante el régimen constitucional hubiese sido pernicioso e injusto, pues ahora con volver todas las cosas al revés, quedarían sencillamente amoldadas a la justicia y conveniencia pública!

Excusado es decir que mientras duraban estas inquietudes, los pueblos no pagaron contribuciones con lo cual estaban contentos, y el tesoro francés tenía que acudir con una consignación mensual a la regencia para sus más precisos gastos. Los que disfrutaban sueldos o pensiones nada cobraban sino algunos de los residentes en la corte; y para depurar el mérito y adhesión al rey se formó una junta de purificaciones compuesta de personas resentidas y exaltadas, que trataban con rigor a los que no eran sus amigos, y con blandura a sus paniaguados. Sujetaren a su purificación a algunos que no les correspondía ni lo habían solicitado, y por medio de unos informes clandestinos que pedían a un reducido y marcado número de personas, quedaron estas árbitras de ejercer todo género de venganzas sin la menor responsabilidad ni peligro, y ya se deja conocer cómo andaría aquello en tiempos de efervescencia y exaltación. Todo se volvía dejaciones y chismes, y fueron tantos los clamores que se levantaron, que una de las primeras providencias del rey puesto en libertad fue extinguir aquella junta tenebrosa.[23] Los jefes de guerrillas realistas vivían sobre el país, y el arbitrio que adoptaron generalmente fue exigir fuertes, contribuciones en los pueblos a los constitucionales, es decir a los pudientes, porque así como estos eran pancistas o serviles a los ojos de los jacobinos, fueron también negros para los guerrillistas. ¡Desgraciado del que tiene que perder, porque a él se dirigen los tiros en todas las revueltas! No decir esto que muchos y aun casi todos los propietarios no hubiesen abrazado de buena fe la Constitución pues ganaban con ella, pero no es esta clase apreciable la que jamás produce los jacobinos o descamisados, ni había trabajado generalmente sino para mantener el orden y sostener a las autoridades. En tal estado de ansiedad todos aguardaban con impaciencia la libertad del rey para que remedia-

---

23 Después de seis meses se han mandado continuar las purificaciones de los empleados bajo un método que pocos esperaban: es cierto que se han nombrado para la junta individuos diferentes de los antiguos, y que el transcurso del tiempo contribuirá a hacer menos acres los juicios; pero subsisten los trámites ultra inquisitoriales, queda abierta de par en par la puerta a la arbitrariedad, y en España los resentimientos tardan mucho en apagarse.

se tantos males, y fijase la suerte de tantas y tantas familias que quedaban como en el aire. Aun los que carecían de lo más preciso, los empleados, los militares, y cuantos no percibían pagas, sufrían con resignación su suerte fijos los ojos en Cádiz esperando ver salir de allí el bálsamo consolador de sus desgracias, y figurándose que las llagas que de antiguo atormentaban a la nación aumentadas extraordinariamente en los últimos tiempos, podían curarse de golpe como si fuese una mutación de teatro. Salió el rey de Cádiz, y como no pudiese hacer milagros, las cosas no se mejoraron, o por mejor decir, se empeoraron porque se amortiguó la esperanza.

El día primero de octubre fue puesto el rey en libertad después de una débil resistencia hecha por los que lo habían conducido preso a Cádiz, y aun en éstos últimos momentos acabaron los jacobinos de hacerse despreciables a los ojos de la Europa entera: así es que en el día son altamente silbados y mofados aun en los países más libres. Si en Madrid o aún en Sevilla viendo el pleito mal parado pero con medios todavía para hacerse temer, hubiesen las Cortes dejado al rey en absoluta libertad confesando sus errores y suplicándole que como padre de la patria reasumiese toda la autoridad pública y la emplease en cicatrizar las llagas de la guerra civil y establecer un gobierno templado, este paso tendría cierta grandeza y generosidad que habría dejado obligado al rey Fernando, y lo habría empeñado en justificar la confianza que de él hacían los mismos enemigos de su poder o de su persona, entregándose en sus manos. Si por el contrario resueltos ya a sufrir hasta el último extremo la suerte de las armas, hubiesen peleado como hombres apurando todos los recursos, y sucumbiendo en el último trance con firmeza y dignidad, se podría a lo menos decir de ellos lo que de Catilina, que si conspiró como rebelde supo morir como romano. Pero nada de eso; valientes en el salón de Cortes y en los corrillos de la calle ancha, su último pensamiento fue conservar los empleos. Causa asombro el recordar que en las agonías del régimen constitucional tenían aquellos hombres tan en los tuétanos el furor de ascender, que estaban buscando pretextos para declarar vacantes los destinos de los que se habían quedado en Sevilla y otros puntos, con el objeto de proveer sus resultas, como se verificó efectivamente. El 30 de setiembre, víspera de la salida del rey, le hicieron firmar un decreto conservándoles a todos ellos sus empleos, honores y sueldos, y con este pedazo de papel se quedaron muy ufanos y contentos: esto fue lo que pidieron los héroes y padres de la patria al enterrar la Constitución en el mismo islote donde había nacido. Al hablar de la generalidad no intentó confundir alguno que otro sujeto que pudiese tener miras y opiniones desinteresadas: tan punibles e indisculpables como son los delitos positivos en cualquier sistema que hayan sido cometidos; tan despreciables y ridículas como son las maniobras del interés personal, otro tanto son respetables las opiniones hijas del convencimiento y de la rectitud del corazón, opiniones que por lo mismo están sujetas a modificarse, madurarse y rectificarse con el tiempo y los desengaños: pero los hombres de esta clase que existían en Cádiz bien puede asegurarse que eran en número poco considerable.

En el Puerto de Santa María fue recibido el rey por el duque de Angulema, y desde aquel momento se consideró ya libre. Casi parece excusado detenerse a probar que el decreto de 30 de setiembre no era obligatorio para S. M. a la manera que no lo es para el infeliz cautivo la palabra que le exigen unos injustos carceleros o piratas, pues no eran otra cosa respecto del rey las Cortes desde el día 11 de junio, como todos conocen a primera vista. Y si esta consideración milita tan fuertemente respecto de un particular, mucho más decisiva debe ser tratándose de un rey, de cuya libertad pendía inmediatamente la suerte de toda una nación en ella interesada. Si la conducta del rey Fernando pareció algo brusca al comparar sus decretos de 30 de setiembre y 1 de octubre, la culpa la tienen los que habían ulcerado su corazón, y también los que desde la otra orilla le estaban tendiendo la mano para sacarlo de un precipicio y hacerlo caer en otro, antes que pudiese orientarse en el nuevo terreno. Salió S. M., como era preciso, enojado contra los que tanto lo habían deprimido, ultrajado y perseguido conduciendo las cosas a un extremo muy crítico y peligroso; y en vez de encontrar quien tratase de dulcificar y calmar este resentimiento, no se le acercaron sino personas que procuraban por todos medios agriarlo cada vez más. S. A. el duque de Angulema parece que habló particularmente a S. M. en un sentido juicioso y templado, como quien deseaba el bien y se hallaba independiente de pretensiones y partidos. Pero el pacificador de España había concluido ya su misión del modo más honorífico y glorioso, y muy luego se ausentó para restituirse a los franceses, ufanos al contemplar que su príncipe había sabido cubrirse de flores y laureles los escalones del trono de S. Luis. La noticia de la libertad del rey encendió de nuevo el espíritu de los pueblos renovándose las persecuciones en aquellos en que habían sido interrumpidas, porque en muchas partes las autoridades las fomentaban y aún las fomentan con todas sus fuerzas en lugar de contenerlas; el reino de Galicia fue el que disfrutó de constante tranquilidad, porque el digno general Morillo, conde de Cartagena, sin tropas ni arbitrios para obrar activamente en ningún sentido, había tomado desde un principio el partido más juicioso concertándose con los generales franceses, a quienes mereció el más alto aprecio. Aquella efervescencia de los pueblos debió hacer impresión en el ánimo del rey, especialmente al considerarse libre de todo peligro; y esta disposición fue la que aprovecharon ansiosamente los que se agolparon alrededor de la Real Persona para hacer retroceder todas las cosas lo más que fuese posible. Pero aunque había entre ellos sujetos dignos de todo aprecio, carecían generalmente de talentos, tino y experiencia para mandar: el que más llamaba la atención era el ministro de Estado don Víctor Sáez, confesor de S. M. Este buen eclesiástico por querer dar demasiado impulso a la reacción realista o restauración, no hizo más que despenarla: los editores de un periódico que estaba a su devoción, tocando siempre alarma después de concluida la guerra y agriando los ánimos en lugar de conciliarlos, bajo cuyo aspecto hizo tanto daño a la causa del realismo como el inmundo Zurriago a la de la Constitución, ensalzaron los méritos del señor Sáez hasta compararlo con el cardenal Jiménez de Cisneros, y acaso estos exagerados elogios desvanecieron la cabeza de un hombre que no conociendo los negocios, iba a hacer sus ensayos en las circunstancias más difíciles que pueden ocurrir. Se empezó aboliendo el ministerio del Interior, y se continuó la guerra a muerte a cuanto llevaba el sello de la novedad. Medidas de rigor, proscripciones en masa, hacían ver que el gobierno no considerando concluida la lucha quería prolongarla indefinidamente, y en una palabra, procedió como vencedor contra los vencidos. ¡Política fatal, o por mejor decir, falta absoluta de política! Si hubiese sido posible degollar a todo el partido constitucional y sus allegados, estaba concluido sencillamente el negocio: habría quedado solo el absolutista, reducida la población a la mitad de la existente, y habría permanecido tranquilo por algún tiempo. Si por no ser esto realizable se hubiese adoptado el temperamento de castigar severamente a los conspiradores de la Isla, a los asesinos, los que destronaron al rey en Sevilla y los demás reos de delitos positivos, tendiendo sinceramente un manto paternal a todos los demás, la justicia habría quedado satisfecha y los ánimos se habrían conciliado; pero el partido que se adoptó de no castigar a nadie y perseguir a todos, fue lo más impolítico y absurdo que se pudo imaginar.

A la verdad si se reflexiona un poco, se verá que el objeto de este desacierto político no pudo ser otro que desembarazarse de la mayor parte de los españoles para la concurrencia a los destinos públicos; y aun si las multiplicadas revoluciones de España contribuyesen a hacer despreciables los empleos, para que las gentes se dedicasen a otras carreras, mucho habríamos adelantado: pero se verifica tan al contrario, que el principal ataque se dirige siempre a hacer la revolución en la guía de forasteros. La tendencia era a dejar marcados en España dos pueblos distintos, el vencido y el vencedor, el esclavo y el dueño; pero es menester ser muy topo para no percibir que en el estado actual de cosas no solamente el gobierno monárquico absoluto, pero ni el más perfecto imaginable que se estableciese sobre otra base que la conciliación de los ánimos, no podía durar de ninguna manera. Con efecto, estando balanceados los partidos en España, y no pudiendo sino con el tiempo y por medio de grandes sacrificios hallarse arbitrios para cubrir las atenciones públicas, cada día se irán haciendo indispensablemente nuevos descontentos, que pasarán a reforzar el partido caído, hasta que muy luego de una sacudida derribando al vencedor, y así sucesivamente. Los pueblos mirarán con gusto estas mudanzas porque en ellas no pagan contribuciones, y en España nunca faltarán guerrilleros en todos sentidos, porque es oficio muy lucrativo y acomodado al carácter nacional. Digan los hombres de buena fe si esto no es exacto, y digan francamente si desde el 1 de octubre se ha aumentado o se ha disminuido en la península el partido llamado realista y su entusiasmo. Y si no, pregúnteseles si estarían contentos con que las tropas francesas evacuasen el territorio español. Las respuestas negativas que dará cualquiera son muy dignas de fijar la atención.

La mala política del primer ministerio de la restauración se está tocando por los resultados: no se necesita en su comprobación remontarse a los tiempos antiguos, ni citar los autores de derecho que no han imaginado siquiera que una guerra civil pudiera concluirse de otro modo, que por un olvido de lo pasado. Tal es la base esencial de una paz entre los ciudadanos: en semejantes casos todos suelen tener algún poco de razón o por mejor decir, no la tiene ninguno, porque todos son estrenaos. Al deponer las armas es preciso o que haya perecido enteramente uno de los partidos, o que ambos olviden sus resentimientos. Entonces viene el bálsamo consolador de un gobierno prudente y sabio, entonces se cicatrizan las llagas que han desgarrado el seno de la madre patria, y enlazando sinceramente las voluntades, se camina al bien general. ¿Quién al oír esto no vuelve los ojos enternecidos al ilustre Luis XVIII? Este monarca respetable, modelo de reyes y asombro de la misma envidia, ha sabido encontrar en la sencillez de su corazón, en la rectitud de sus sentimientos y en su alta sabiduría los medios de terminar felizmente la más cruel de las revoluciones. Jamás han estado en una nación más desunidos los ánimos, ni más encontrados los intereses, y jamás un gobierno con tantos motivos para estar resentido, ha sido tan paternal formando las delicias de sus gobernados. Cuando el transcurso de los siglos haya colocado nuestra era a tanta distancia como está de nosotros la de Antonino Pio, la de Numa o la de Minos, el filósofo que recorra las edades del mundo, acaso no encontrará en el siglo XIX otro objeto más digno de su atención que el reinado de Luis XVIII: será citado con admiración en la posteridad, vivirá en la memoria de las gentes,[24] y servirá de guía a los reyes para restituir la paz a sus pueblos. Pero no teniendo voces suficientes para elogiar al padre de la Francia, al digno sucesor de Enrique IV, dejo al silencio que supla por lo que no acierto a expresar dignamente.

En ninguna parte era más necesario y conveniente que en España seguir las pisadas del ilustre Luis XVIII, pero los ministros se deslumbraron con las demostraciones de los pueblos: no era posible plantear el absolutismo en un país donde no había ejército, ni hacienda, ni hombres capaces de llenar los destinos, porque (sea dicho sin ofensa de los exaltados realistas) su partido no encierra las personas de mayores luces como ellos mismos lo conocen y confiesan. Y aunque en España no hubiesen faltado estas tres cosas esencialísimas, debieron conocer los interesados en ello, que el absolutismo solo

---

24 In freta dum fluvii current, dum montibus umbræ lustrabunt convexa, polus dum sidera pascet, semper honos, nomenque tuum, taudesque manebunt.

puede establecerse como lo hizo Augusto en Roma con disposiciones conciliatorias, apacibles y generosas, y gobernando con prudencia. Nadie ha trabajado con más ardoroso celo que el señor Sáez a favor del absolutismo, pero con un éxito enteramente contrario a sus designios: este sistema ha perdido toda su fuerza moral porque los que ensayaron plantificarlo en tiempo oportuno no supieron llevarlo adelante; ahora es ya tarde.

Dos meses después de la libertad del rey vino abajo el señor Suez con el partido terrorista o levítico, y se nombró otro ministerio más suave y conciliador. La más recia tempestad se levantó inmediatamente contra él por parte de los individuos del partido que acababa de ser desalojado, porque entre los realistas sucede también que no teniendo ya enemigos comunes que combatir, se han desunido y se hacen entre sí la guerra contribuyendo a enflaquecer sus fuerzas. Así se ha visto hace poco separar sin motivo aparente diferentes tandas de empleados muy realistas, ya en las secretarías del despacho quitando a los mejores oficiales, ya en otras oficinas, ya finalmente plantando en la calle a casi todos los consejeros de Castilla, primer ejemplar en los fastos de la monarquía, no para reformar aquella institución defectuosa (¡ojala que así fuese!) sino para colocar a otros en las vacantes. He aquí nuestra táctica de empleos: los hombres son siempre los mismos puestos en circunstancias parecidas, y si tal vez se encuentra alguna diferencia entre los individuos, no la hay en las grandes masas ni en los partidos.

El nuevo ministerio resistió impávido los ataques, y defendió sus sillas aunque no muy apetecibles en estos tiempos, hasta que quedó por suyo el campo, y aun se ha dicho que algunos de sus individuos habían hecho, a trueque de sostenerse, papeles que no les correspondían: ello es que si los altos funcionarios supiesen hacerse respetar debidamente, no se remontarían hasta querer volar otros de inferior calaña con alas de cera. El hombre más sobresaliente de este ministerio es don Narciso Heredia, conde de Ofelia, sujeto de mucho talento, instrucción y práctica de negocios,[25] a

---

25 La correspondencia diplomática que ha entablado el conde de Ofalia en contestación al gabinete inglés relativamente a las Américas, hace honor a sus talentos y pericia. Todos convienen en que es uno de los sujetos que mejor conocen los negocios de ultramar, y lo mismo el ministro de la guerra que ha desempeñado allí mandos importantes; y como estos asuntos son los que por ahora llaman casi exclusivamente la atención de la Europa, debían tener presente esta circunstancia entre otras, los que andan fraguando un minis-

que corresponde el general Cruz, ministro de la guerra por su inteligencia y tesón, y el de marina don Luis Salazar por su experiencia. Bajo este ministerio aunque compuesto de elementos heterogéneos, han empezado a columbrarse algunas providencias conciliatorias, algunas disposiciones bien calculadas, que brillan de cuando en cuando en el horizonte político como los relámpagos en noche oscura.

En medio de todo, nada hay hecho todavía: se ha destruido mucho, pero no se ha edificado nada. Ni ejército, ni marina, ni hacienda, ni crédito público se han montado de manera alguna; ni se ha fijado la suerte de un número prodigioso de empleados, y lo que es más, los pocos ramos que de un modo u otro se han plantificado, es imposible que subsistan como están. El actual oficial mayor de la secretaría de estado es un joven que ha llegado a este importantísimo destino a los seis meses de entrar en la secretaría, cuando antes costaba veinticinco años de continuado trabajo dentro y fuera del reino, y así de otros; siendo tal la prisa con que se han repartido empleos a toda, la clientela de los que poco o mucho han alcanzado favor, que si al régimen constitucional se le ha notado de haber echado mano de algunos jóvenes, ahora puede decirse que se buscan los muy viejos y los niños. No quiero pintar por menor el estado de los pueblos y de los negocios actualmente en España: nada diré de la ridícula pretensión que tienen muchos de que el rey ha de guiarse precisamente por lo que ellos le digan, ni del disgusto que ha cundido entre los oficiales guerrilleros por no haber obtenido las desmedidas recompensas que esperaban, verificándose que si están descontentos los constitucionales, no están contentos los absolutistas: tampoco hablaré de los abusos que han cometido en muchos pueblos los voluntarios realistas haciéndose superiores a las leyes y órdenes del soberano, y dando a entender con su conducta que si querían gobierno absoluto era para ser ellos los genízaros (mereciendo sin embargo una excepción muy honorífica los de Madrid y otros puntos, que hasta ahora se han comportado de un modo ejemplar): ni trataré de las autoridades colocadas al frente de las provincias, ni ventilaré en fin la curiosa cuestión que naturalmente se presenta de averiguar cuándo ha sido el rey más libre en los diferentes periodos de

---

su borrascoso reinado; solo diré que los desórdenes cometidos desde el año de 1820, las extorsiones que han sufrido los pueblos, y la desunión de los ánimos han empeorado de tal suerte el estado de la nación, que es cosa lastimosa el pensarlo. Se puede establecer con toda exactitud la siguiente proporción geométrica: el estado de la España en 1817, es al de 1819, como éste al actual; y siendo mucho peor nuestra situación que lo era en 1819, claro está que son insuficientes los brazos y las palancas que aun entonces no pudieron sostener al gobierno.

Algunos hay que intentan persuadir al rey Fernando que la nación no quiere otra cosa más que su gobierno absoluto en cuyo favor está pronta a sacrificarse; pero el buen juicio y la experiencia de S. M. le harán desconfiar de este nuevo género de adulación. No podrá olvidar que estos mismos pueblos no tiraron un solo tiro en su defensa el año de 1820, y que al salir de Madrid en marzo de 1823 cuando ya estaba muy próxima la entrada de los franceses, nadie se movió para libertarlo de la escasa escolta que lo acompañaba, ni aun se atrevió a saludarlo solo porque vieron al conde del Avisbal que iba a caballo al estribo del coche. También sabe S. M. que si los pueblos se han movido contra la Constitución, ha sido generalmente en fuerza de vejaciones, de insultos o resentimientos particulares, y últimamente conoce que en el momento en que se las impongan nuevas cargas, han de descontentarse altamente, no de S. M. pero sí del mal régimen, de los malos empleados y de las excesivas exacciones: el motivo será éste, pero el descontento no dejará de ser positivo. Otros hay por el contrario, que se angustian de que todavía las cosas no estén en su caja ni se hayan planti- ficado debidamente todos los ramos del gobierno; pero si es natural esta ansiedad en el que no tiene que dar de comer a su familia y suspira por un arreglo, es preciso hacerse cargo de que la máquina de un estado no puede montarse ni moverse sino con lentitud. Un año es una hora en el gran libro de la historia, aunque al pobre que sufre le parezca un siglo. Yo creo que en nada se acredita tanto la sabiduría y previsión del gobierno francés o sea de la santa-alianza, si es que han pensado en algo de gobierno respecto de España, como en haber dejado pasar el tiempo suficiente para calmar los ánimos, nivelar las exageraciones hijas de la exaltación, y hacer tocar ciertos y ciertos desengaños que producen un convencimiento irresistible, porque entran por los sentidos. En el día puede ya considerarse la España en estado de recibir un buen gobierno, cosa en que tiene interés toda la Europa: con efecto, las bayonetas francesas han destruido la revolución haciendo triunfar los principios monárquicos, pero el problema no se ha resuelto en todas sus partes. Si al cabo de poco tiempo volviese a ser trastornado el actual gobierno levantándose de nuevo la anarquía bañada en torrentes de sangre, ¿habría adelantado algo la causa de la legitimidad, de la justicia y de la humanidad en España? Seguramente que no: para que la operación quede completa, es preciso que el gobierno monárquico esté fundado sobre tales bases qué no vuelva a verse expuesto a los vaivenes y sacudidas del jacobinismo, y que sea una lección viva de paz y felicidad en contraposición de los furores de los revolucionarios. Estas bases son las qué voy ahora a examinar, como fruto de todo lo dicho hasta aquí.

Del gobierno monárquico tal como conviene a la España

Tres formas de gobierno conocieron los antiguos: el monárquico, el aristocrático y el democrático, voces griegas que significan que la autoridad pública es la depositada en una persona, o en las principales, o en la totalidad del pueblo. Aristóteles no admitía más que dos especies de gobierno: aquel en que la utilidad pública es el todo, y aquel en que no es nada. Montesquieu distingue el gobierno republicano, en que todo el pueblo o una parte de él tiene el poder soberano; el monárquico, en que gobierna uno solo por medio de leyes fijas y establecidas; y el despótico, en que un hombre solo sin ley y sin regla lo manda todo según su voluntad y sus caprichos. Rara vez se sostiene un gobierno cualquiera que sea, por tiempo considerable en toda su pureza: el monárquico propende a la arbitrariedad, el aristocrático a la oligarquía, y el democrático a la anarquía. En el primero se funda el bien público en la virtud de uno solo; en el segundo en la de muchos, y en el último en la de todos, y esta escala sirve para graduar de una ojeada la consistencia y perfectibilidad de los gobiernos. En cada uno están diferentemente combinados y repartidos los poderes legislativo, ejecutivo y judicial: y en la práctica se han mezclado frecuentemente las instituciones peculiares de un gobierno con las de otro formando un mixto según las épocas y las circunstancias. Ningún gobierno es perpetuo como no lo son las obras de los hombres; todos están sujetos a alterarse, corromperse y cambiarse irnos en otros.

El primer gobierno que conocieron los hombres fue según toda probabilidad el patriarcal, que luego pasó a ser monárquico: los antiguos que supieron distribuir y combinar los tres poderes en los gobiernos populares, no acertaron a hacerlo en los monárquicos, y así es que los reyes griegos de los primeros tiempos tenían el poder ejecutivo y el judicial, y los pueblos el legislativo, de cuya facultad se valieron éstos para ir aboliendo por todas partes la monarquía. Vinieron los gobiernos republicanos, ya aristocráticos, ya democráticos, ya mixtos; y en ellos brillaron las virtudes de los individuos a la par de los desaciertos de la multitud. El vicio de las grandes asambleas del pueblo está perfectamente notado en la célebre sentencia de aquel extranjero, que observando el gobierno de Atenas dijo: aquí deliberan los cuerdos y deciden los locos. Los nombres de Milciades, Arístides, Sócrates y Foción recordarán a los siglos la ingratitud con que pagan las repúblicas a sus mejores hijos: divididas siempre en facciones intestinas, juguete de demagogos furibundos, y presa de ambiciosos atrevidos, fueron perdiendo su libertad y vinieron por fin a aumentar las provincias del imperio romano. El gobierno de Roma había estado bien combinado en tiempo de los reyes; pero abolidos estos, vino a quedar en una especie de aristocracia. Los patricios y plebeyos estuvieron largo tiempo en pugna, los primeros por sostener sus consideraciones, y los segundos por reducirlas: lograsen triunfar los últimos, y el gobierno pasó por la democracia hasta tocar en la anarquía, por donde facilitó el tránsito a la pérdida de la libertad y establecimiento del imperio. Los bárbaros que trastornaron el imperio de los Césares, no conocían otro gobierno que el de sus reyes y caudillos, por manera que la monarquía se estableció entonces por todas partes: en unos islotes de Italia se conservó únicamente el gobierno republicano y aún se propagó en diferentes puntos en tiempo de la restauración de las luces; pero en nuestros días lo hemos visto desaparecer casi absolutamente del suelo europeo. El gobierno republicano pasó ya en el mundo antiguo: al norte de América es a donde ha ido a refugiarse, y allí lo vemos con asombro arraigarse entre los hijos del virtuoso Pen y mostrarse desde la cuna capaz de luchar como Hércules con las serpientes. Esta nueva nación causará con el tiempo una revolución en la balanza europea, pero su gobierno mudará de forma. Así la humilde bellota que pisa el pasajero, forma con los años la robusta encina que parece tocar a las nubes y desafiar a los huracanes.

Cada gobierno necesita condiciones diferentes para prosperar: el republicano solamente puede establecerse en pueblos pequeños, pobres, ilustrados y virtuosos, por donde se ve que es absolutamente imposible que subsista en los inmensos espacios de la América española, Cuyos criollos seguramente no tienen tanta ilustración y virtudes como los Griegos, Cartagineses y Romanos aun en los momentos de su mayor decadencia. El gobierno monárquico es acomodado para las naciones ya formadas y de grande extensión de territorio, y por regla general el ubico que puede subsistir en los pueblos donde haya una vez echado raíces, a menos de una desmembración general. El gobierno despótico, si merece el nombre de gobierno el envilecimiento de la especie humana, no existe en la Europa culta, sin que sirva de excepción la autocracia de Rusia, la cual sería difícil que hubiese caído en mejores manos desde que aquella nación empezó a hacer algún papel cómo potencia europea. La civilización aunque avanza con rapidez, no está bastante generalizada en el inmenso territorio de la Rusia, porque ha empezado tarde; pero al carácter y virtudes personales del monarca reinante, no solo, prometen que continuará haciendo el mejor uso de su extensa autoridad, sino que acaso mejorará la condición política de sus vasallos cuando estén aptos para ello, y tomará precauciones para fijar la marcha del gobierno, de modo que no dependa del carácter casual de sus sucesores el trastornar la grandiosa obra de 130 años. Causa admiración y es muy digno de la contemplación del filósofo el observar en el norte de Europa como en el de América, dos grandes colosos que se elevan, con una rapidez increíble, y cuya edad de consistencia si fuese proporcionada a su infancia, los haría árbitros de sus respectivos continentes. El despotismo parece estar confinado a los vastos dominios del Asia y parte del África, donde ejerce su fatal acción como en su propio elemento. Las ruinas respetables de Tebas, Nínive, Menfis, Babilonia y Palmira, capitales de los grandes imperios que recuerdan las primeras edades del mundo, la opulenta Tiro, la industriosa Sidón, la soberbia Cartago, y hasta en Europa el suelo privilegiado de la Grecia y la silla de Constantino han sido con mengua de las potencias cristianas patrimonio del más duro despotismo y ferocidad. Asilo que ayer era libertad, hoy es esclavitud; lo que era ilustración, hoy es barbarie; y lo que era vida y lozanía, es todo desierto y aridez. En la Europa culta, el acto más notable en mutaciones de gobierno es el ocurrido en Dinamarca el año de 1660 en que la nación cansada de sufrir la tiranía de la nobleza, abdicó lodos sus derechos y libertades en su rey Federico III y sucesores, invistiéndolos de un poder absoluto e ilimitado, superior a todas las leyes humanas.[26] Pero dejemos a un lado el despotismo como una calamidad pública, que solo puede acomodarse por largo tiempo a pueblos incultos y feroces, a quienes una falsa religión propende a mantener eternamente entre las más espesas tinieblas.

En el análisis del espíritu de las leyes, dice d'Alembert, que entre el gobierno republicano y el monárquico, el primero es más acomodado para los estados pequeños y el segundo para los grandes; aquel está más expuesto a los excesos, y éste a los abusos; aquel finalmente pone más madurez en la ejecución de las leyes, y éste más prontitud. Aristóteles que había analizado las constituciones de 158 pueblos y conocía a fondo el gobierno republicano y sus defectos, no dudó en dar en todos casos la preferencia al monárquico, aun considerándolos teóricamente y en abstracto; y como por otra parte sea el único acomodado y posible para una nación grande como la española, me ocuparé exclusivamente de él.

No hablaré del derecho divino en materia de gobiernos, porque entendido como' se debe entender, no presta apoyo a ninguno de los absurdos a que se arrojan ciegamente los partidarios de sistemas extremados; y por la misma razón prescindiré del tantas veces repetido testo de la sagrada escritura: Per me reges regnant, además de que podría citar el capítulo 8.° del libro 1.° de los reyes, en que por boca de Samuel hace Dios al pueblo hebreo una pintura bien poco agradable del gobierno de un rey. Tampoco me extenderé en enumerar las ventajas del gobierno monárquico para una nación grande por ser demasiado conocidas e incontestables, y así diré solamente que este gobierno tiene un inconveniente muy trascendental. Un rey bueno que reúna las cualidades necesarias para el mando gobernará bien a sus pueblos y los hará felices: para él no habrá necesidad de trabas

---

26   Lacroix, *Constitations des principaux États de l'Europe et des États-Unis de l'Amérique*, tomo I, pág. 517.

constitucionales que acaso le impedirían desplegar oportunamente sus virtudes y talentos; pero este mismo rey tendrá un heredero dotado quizá de propiedades enteramente contrarias, y destruirá en un día la obra de muchos años. Si Dios hubiese querido destinar para el gobierno de cada pueblo una familia privilegiada por sus cualidades morales, y preeminente también por las físicas, no había más que seguir obedeciendo a estas familias predestinadas; pero en realidad los reyes no son más que los otros hombres. El hacer electiva la corona es un remedio peor que el mismo mal, pues si volvemos la vista al imperio romano y encontramos a Tito, Trajano, Adriano, Antonino, Marco Aurelio y Alejandro Severo a quienes la elección colocó sobre un trono que ocuparon gloriosamente, son muchos más los que se asemejaron a Calígula, Nerón, Domiciano, Commodo, Caracalla y Heliogábalo, cuyos nombres se resiste a escribir la pluma como de monstruos que degradaron la púrpura, y cuya memoria servirá de horror a todas las generaciones. La soldadesca romana llegó a poner el imperio a pública subasta y rematarlo en el mejor postor; y en nuestros días hemos visto desaparecer de Europa una potencia cuyo principal vicio constitucional era tener electiva la corona, de lo cual se eslabonaron sus desgracias. Mírese por donde se quiera la historia de todas las monarquías, y se encontrará completamente confirmado, que la suerte de los súbditos y la prosperidad pública dependen siempre del carácter casual y educación de sus reyes: y por cierto que necesita tener muy raras y grandes cualidades el hombre que haya de sostener en sus hombros toda la carga de un gobierno. El reinar es más bien que dignidad un oficio, y bien penoso cuando faltan auxiliares oportunos, donde descargar una parte del peso; y ha de ser bien privilegiado por la naturaleza el príncipe que logre no dejarse engañar por los aduladores y cortesanos, ni dar en los lazos que le tienden para que caiga.

De aquí nace la necesidad de trazar a los reyes el verdadero camino que deben seguir para cumplir con Dios y con sus pueblos, poniéndoles de cuando en cuando señales para que no se extravíen y levantándoles cortapisas que les impidan perderse. El modo de lograrlo es la gran cuestión que agita al mundo sin interrupción hace muchos siglos. En todos los gobiernos, aun en los despóticos de oriente sirve la religión para templar hasta cierto punto la arbitrariedad del que manda, pero también se ha abusado de ella algunas veces para aumentarla. Las leyes escritas tienen por objeto servir de guía a los reyes, pero desgraciadamente es tal su complicación en las naciones ya viejas, que exigen todo el estudio de un hombre: son hijas de diferentes tiempos y circunstancias, y muchas veces se contradicen entre sí, de modo que en lugar de ilustrar suelen más bien aumentar la confesión. Y sobre todo, ¿qué pueden las leyes escritas si no tienen garantías? ¿Si hay hombres interesados en eludirlas engañando al príncipe y deslumbrándolo de mil maneras? El estudio de la historia y los ejemplos de sus antepasados son también lecciones útiles para los monarcas, las buenas para seguirlas y las malas para evitarlas. Dice un publicista, «que sería una historia verdaderamente provechosa para los soberanos, aquella que les presentase en caracteres fuertes el fin vergonzoso o trágico de todos los malos reyes. Verían a los unos hacerse justicia transformando sus palacios en una prisión inaccesible: otros arrojados de sus estados luchar en vano contra un pueblo sublevado; algunos bajarse a pedir gracia a aquellos a quienes habían reusado la justicia; y a muchos privados de su libertad, sin tener siquiera en su degradación la independencia del desaliento. Pero todos estos arbitrios para contener a los reyes dentro de los límites de una autoridad moderada, no son suficientes para la seguridad y tranquilidad de los súbditos, cuyo bien o mal depende de una reunión de casualidades, especialmente desde que los pueblos van progresando en la civilización y aumentando la industria y la multiplicación de riquezas. Creo que no haya, bajo la capa del cielo un hombre de sentido común que desconozca la necesidad de poner coto a la autoridad de los reyes, no para afligir a los buenos, sino para sujetar a los malos o medianos, o más bien a los aduladores que abusan de su credulidad y buena fe. Nuestro profundo político Saavedra dice en la empresa 20 «que constituida, con templanza la libertad del pueblo, nace de ella la conservación del principado», y que «al príncipe que demasiadamente ensancha la circunferencia de la corona, se le cae de las sienes». En la empresa 41 dice estas notables sentencias:

La modestia es la que conserva los imperios, teniendo el príncipe tan recogida su ambición que mantenga dentro de los límites de la razón la potestad de su dignidad, el grado de la nobleza, y la libertad del pueblo; porque no es durable la monarquía que no está mezclada y consta de la aristocracia y democracia. El poder absoluto es tiranía; quien lo procura, procura su ruina. No ha de gobernar el príncipe como, señor sino como padre, como administrador y tutor de sus estados.

Aquí se encierra cuanto puede decirse en la materia, y así es que vemos por todas partes y desde la más remota antigüedad multiplicarse los esfuerzos para conseguir el interesante objeto de circunscribir la autoridad real ya anticipándose los buenos reyes a fijar reglas para sus sucesores, dando autoridad a la alta nobleza y clero, creando consejos, y tribunales, facultándoles para desobedecer las órdenes tiránicas, asesorándose con grandes, asambleas de todas las clases del estado, ya esforzándose los pueblos a adquirir parte en el gobierno nombrando magistrados defensores de la libertad o apoderando representantes para sostener sus derechos. El éxito ha sido vario según las circunstancias: por lo común se ha marchado a tientas, y no hay un pueblo que de un modo u otro no haya tenido su auge y decadencia, sin que ninguno haya podido hacer estacionario su buen gobierno y prosperidad.

En unas partes la valla opuesta a la autoridad real ha sido tan débil, que los reyes la han derribado cuantas veces han querido, ya a cara descubierta, ya cubriéndose con la capa del bien público; y en otras ha sido tan fuerte, que parapetado el pueblo en ella ha acabado con los reyes. Pero entre estos extremos igualmente peligrosos, ¿no se ha encontrado medio alguno? ¿No ha sido posible poner en práctica un gobierno monárquico estable, en que todos sean libres y estén sujetos a la ley? Respondiendo ésta por la afirmativa la Inglaterra, ese país clásico y privilegiado de la libertad, cuya Constitución lo ha elevado al rango de la primera potencia del mundo, y donde todo es gigantesco y prodigioso. No hay historia más interesante que la de Inglaterra para el político, porque de ella resulta palpablemente que a sus bellas instituciones se debe el haberse generalizado la moral y la ilustración, convirtiendo en sabio, libre y tolerante un pueblo que había dado en todo género de excesos. Desde que en 1215 obtuvieron los ingleses su magna charta del rey Juan, no dejaron sus sucesores de infringirla y aspirará la autoridad absoluta. Eduardo III faltaba a ella con tanta frecuencia, que tuvo que jurarla once veces. En ningún país se han arrogado los reyes derechos más ilimitados ni han desplegado tal tiranía de palabras cuando no han podido hacerlo de obra, pero tampoco ha sido en ninguno más fuerte la reacción. Los nobles y el pueblo no dejaban por su parte de reclamar sus privilegios y libertades, y en las diferentes alternativas de la lucha «depusieron, dice un autor,[27] mataron y derribaron más reyes, más príncipes y gobiernos que el resto de la Europa junto; y sin embargo han conseguido al fin el más noble, religioso y brillante orden social que existe en el mundo antiguo». El año de 1688 vino a poner fin a todos estos disturbios y asegurar la tranquilidad y el bienestar de aquel país, y desde entonces marcha a velas desplegadas aumentando su riqueza y prosperidad de un modo asombroso. Al advenimiento de Guillermo III fue cuando se fijaron de una manera clara y estable los derechos del príncipe y de los pueblos, y entonces fue propiamente cuando los ingleses empezaron a disfrutar constitución.

Ciento treinta y seis años han pasado desde aquella época sin que la Inglaterra haya tenido un solo día que arrepentirse de su régimen gubernativo, y por el contrario ha ido todos los años añadiendo nuevas perfecciones al orden social. Este admirable gobierno cuyas raíces encuentra Montesquieu en las costumbres de los Germanos y de los Godos, tiene el poder legislativo repartido entre el rey, la alta nobleza y un congreso de representantes del pueblo, sistema enteramente desconocido de los antiguos, pues no supieron lo que era un cuerpo de nobleza ni una asamblea de representantes o apoderados: su mecanismo no se funda precisamente sobre las virtudes de los hombres, sino que estriba también sobre sus intereses y defectos, y esta preciosa estructura es la que le presta tanta consistencia, que las sacudidas solo pueden servir para enlazar más su trabazón. Pero no todo lo que es bueno es oportuno, y en esto se fundó un filósofo para decir que si tuviese todas las verdades encerradas en el puño se guardaría muy bien de abrirlo de golpe. Este mismo gobierno representativo que tanto ennoblece a la especie humana, no puede prosperar sino en pueblos preparados ya para recibirlo como lo estaba la Inglaterra después de sus convulsiones civiles, porque si en la Persia o Turquía por ejemplo, se quisiese plantear de golpe la constitución inglesa, a buen seguro que no prosperaría. En el gobierno

---

27   Madame de Staël, *Considerations*, etc., tomo III, pág. 164.

representativo tal como el de Inglaterra, todos están sometidos a la ley, y en esto consiste su principal excelencia: en el absoluto, en el aristocrático y en el democrático siempre hay uno o muchos que se sobreponen a la ley cuando quieren, y este es el germen de su ruina. Es verdad que el gobierno representativo no tiene el vigor y celeridad que el absoluto, ni el entusiasmo que el democrático, pero también carece de los principales defectos de Uno y otro, y adquiere una seguridad y armonía, que en vano se buscarían en otra parte. Puede decirse de los gobiernos lo que de la fuerza de las máquinas dicen los mecánicos, que con una potencia dada el peso que puede levantarse está en razón inversa de la velocidad y el espacio, y directa del tiempo; o lo que es lo mismo, que hay una relación conocida entre la potencia, la resistencia, el tiempo, la velocidad y el espacio, en cuya virtud puede acelerarse o retardarse el movimiento según convenga. El gobierno representativo viene a ser un fiel regulador que imprime a la máquina del estado un movimiento uniforme y perpetuo, o a lo menos tan duradero como cabe en la prudencia humana asegurarlo, Estos gobiernos no harán grandes conquistas, costosas e inútiles como son casi siempre, no deslumbrarán con un brillo pasajero; pero como toda situación violenta es momentánea, encontrarán estabilidad, según el orden general de la naturaleza, en su feliz medianía; y cuanto valgan cien años de esta medianía, la Inglaterra lo está diciendo. Allí no depende el bien público del carácter casual de un rey, pues acabamos de ver al memorable Jorge III continuar largo tiempo sentado en el trono cuando sus facultades intelectuales estaban perturbadas, sin que la marcha de los negocios se haya resentido en lo más mínimo de semejante accidente. En Inglaterra, las instituciones y el espíritu público que de ellas emana, son el todo; en los gobiernos absolutos (incluso aquellos en qué los reyes traspasan las vallas cuando quieren) el rey es el estado como decía Luis XIV, y en él se cifran las instituciones políticas, sujetas por lo mismo a todo género dé casualidades. Y cuidado, que el pueblo en Inglaterra no tiene realmente parte visible en el gobierno: disfruta de una justa y racional libertad y aquellos derechos políticos que la sirven de garantía; pero como la ínfima clase no ha nacido para mandar, la parte popular de aquel gobierno viene a ser la porción aristocrática de la democracia, si puedo servirme de esta expresión. Lo mismo sucedía aun en las antiguas repúblicas, donde los que tenían parte en el gobierno eran pocos en comparación del número de los habitantes de cada ciudad. «El imperio de una buena constitución, dice un autor, esa es la libertad; el derecho de plegarla a su arbitrio, esa es la peligrosa aristocracia; la facultad de volverla muda, ese es el despotismo; el poder de turbarla y confundirla, esa es la anarquía». Y la mejor constitución será en su consecuencia aquella que evite igualmente estos tres escollos, o se aproxime en caso inevitable al menos peligroso.

Lo particular es que teniendo a la vista el magnífico ejemplo de Inglaterra que imitaron hasta los mismos anglo-americanos en cuanto fue acomodable a un gobierno republicano y sin nobleza ni otro género de aristocracia, lo hayan desatendido los forjadores de las principales constituciones que de treinta y cinco años a esta parte se han hecho en Europa. Los delirios de algunos filósofos que hicieron pasar por axiomas cuanto soñaban, y que aun cuando encerrasen algunas verdades especulativas no podían menos de conducir muchas veces a absurdos en la práctica, llenaron a los legisladores de tal prurito y comezón de hacerse singulares, que se desdeñaron de toda imitación, y trataron de plantear lo que ellos creían el más sublime parto del entendimiento humano y no era más que una monstruosidad ensayada en tiempos antiquísimos con fatales resultados. Y esta manía de exceder a los otros me hace recordar la más disparatada expresión que he oído en los cuatro años últimos y fue de un diputado a Cortes que dijo en las de Lisboa que sus poderes eran para formar una constitución más liberal que la española, por cuyo principio se dirigieron aquellos legisladores para vilipendiar todavía más la autoridad real, y entronizar el sans-culotismo. Esto es lo mismo que calificar de sobresaliente a un médico que encajase cien granos de opio por primera toma a los enfermos, respecto de otro que empezase propinándoles medio, uno, o dos granos según las circunstancias. Con efecto si el llamar a una constitución más liberal que otra hablando en abstracto y sin comparar los países para que se formaron, no encierra una solemnísima vaciedad, explicará el verdadero sentido que los exaltados daban al adjetivo liberal, equivalente al de jacobínico y desorganizador, que como se ve, es bien distinto del que basta ahora le habían dado los antiguos y modernos: pero también las voces se prostituyen, y varían con el tiempo de significado; hoy es un baldón el epíteto que hace unos cuantos años era un elogio y un timbre glorioso. No perdió de vista el sabio Luis XVIII el ejemplo de la Inglaterra cuando en 1814 se sentó en el trono de Francia, y aprovechando las lecciones de la experiencia, dio a sus pueblos una Constitución o Carta parecida bajo muchos respectos a la inglesa, y enteramente acomodada a la situación y estado de los franceses. Modelando por ella su conducta, ha sabido inspirar confianza en todos los partidos, dar consistencia al trono, y hacer subir el crédito interior y exterior del estado hasta un punto increíble. Ni tenía absolutamente otro medio Luis XVIII para hacer escuchar su voz en Francia, cuando los pueblos no conocían su talento y sus virtudes: ahora está ya trazado el sendero que deben seguir sus sucesores si han de lograr un reinado igualmente próspero y feliz. Pero la primera prueba de la sabiduría del rey de Francia consistió en la oportuna aplicación que hizo a sus pueblos de la Constitución que únicamente les convenía: huyendo el ejemplo de los legisladores revolucionarios, se abstuvo también de copiar servilmente las leyes inglesas, porque las instituciones políticas deben escogerse y aclimatarse con mucho cuidado. El no haberlo hecho así en España, es la causa de que se halle en la más lastimosa situación. Los constituyentes de Cádiz lejos de proponerse por modelo la constitución inglesa, reduciendo todo lo posible la influencia popular porque los españoles no estaban preparados para poder digerir grandes novedades, forjaron una Constitución menguada en que el poder ejecutivo tenía poca acción, el legislativo estaba casi exclusivamente en manos del pueblo; y no había en medio ningún cuerpo aristocrático que pudiese mantener en equilibrio la balanza: había un principio creador y otro destructor, pero faltaba el conservador. Por regla general los pueblos donde no hay clases privilegiadas e influyentes, propenden irresistiblemente a la arbitrariedad de uno o de muchos; al despotismo o la anarquía. En Turquía no hay diferencia de clases, ni tampoco en los gobiernos democráticos. En la Constitución de Cádiz no había más que un cuerpo deliberante, y éste no solamente se componía de toda clase de personas sin exigir por el pronto que fuesen propietarios para que se interesasen en conservar el orden y asegurar las resoluciones, sino que las elecciones pendían del arbitrio de las clases más despreciables de la sociedad, que por ignorancia o malicia se inclinaban siempre al jacobinismo. Era cosa bien singular y casi desconocida en la historia antigua y moderna, ver la suerte de la nación expuesta constantemente a caer en manos de aventureros sin arraigo, responsabilidad, juicio ni talentos, cuando las altas funciones legislativas solo deben confiarse a los hombres más eminentes, virtuosos y bien opinados, y cuyos intereses estén lo más que sea posible en armonía con la pública prosperidad y justicia distributiva. Si a esto se añade que en España no estaba todavía formado el espíritu público, ni se conocía el uso de la libertad y la tolerancia, no parecerá extraño que la marcha constitucional se haya descarriado cuando todos los elementos se combinaban para ello: lo Contrario habría sido un fenómeno en la historia política de las naciones.

Conocido el principal flaco de la constitución de Cádiz, era fácil aplicarle los remedios convenientes. Pero más vale no volver a hacer mérito de ella, y decir sencillamente que la única adecuada para la España sería una que se pareciese a la Carta francesa acomodándola a las circunstancias de los pueblos, y teniendo presente que los españoles están generalmente más atrasados que los franceses, y menos acostumbrados a la libertad en ningún ramo. Una reforma semejante era la que esperaban los españoles juiciosos seguiría a la entrada de las tropas francesas en la península, esperanza que se corroboraba al observar el espíritu de los mismos franceses, y las expresiones de sus periódicos. Por aquel tiempo el Journal des Debats, papel que se leía en España con la mayor aceptación y aprecio por los hombres sensatos e ilustrados, se ocupó con calor de las instituciones que más convenían a la nación española, y entre otras indicaciones muy oportunas, ensayó la aplicación de la constitución de Baviera a las antiguas prácticas y leyes de España. Las esperanzas que concibieron los que deseaban el bien se amortiguaron con la reacción violenta que se notó en los pueblos; pero el mortal silencio, la inacción y el estupor que han subseguido, parece que están invitando a que se piense en algo respecto de esta nación infeliz, y se eche una mirada de compasión sobre ella. Es tan enorme el cúmulo de sus males, que una gran parte de los españoles no se atreven a discurrir, ni aun a abrir los ojos por no ver el abismo que los rodea. Sin tratar ahora de marcar precisamente las instituciones que convienen a la España, pero cuyo bosquejo creo haber dejado entrever, fácilmente se conoce que si se acierta a montar convenientemente su gobierno, todavía será muy difícil entonar una máquina tan descuadernada; pero a poco que se yerre, será del todo imposible. En este concepto voy a demostrar que solo el gobierno templado y representativo puede llenar aquella condición, e inspirar alguna confianza a nacionales y extranjeros.

Tres medios tiene un gobierno vacilante para consolidar su existencia: el prestigio militar, el poder del clero, y la concordia. El primero no existe en España; el segundo, aunque eficaz, no tiene ya la fuerza moral que en otros tiempos ni sus riquezas; queda pues el tercero para emplearlo. Esta sola reflexión debería bastar para decidir la cuestión, pero su mucho interés me obliga a desenvolverla bajo todos sus aspectos. Si se examina la historia, se observará que casi todas las constituciones, las concesiones y los pactos de los reyes con los pueblos han tenido su origen en épocas de hallarse apurados y sin recursos los primeros, y necesitar auxilios extraordinarios de los segundos: ningún gobierno más apurado y débil que el actual de España, y que más necesite entenderse con todos los súbditos, para que concurran con grandes sacrificios a dar impulso a la máquina del estado. Si reparamos en el carácter del rey Fernando, veremos que por fortuna carece de las cualidades que distinguen a los déspotas y grandes conquistadores, siendo acaso el mayor y más verdadero elogio qué puede hacerse de S. M. y de todos los individuos de su augusta familia, el decir que no son instrumentos a propósito para secundar los esfuerzos de los que querrían que en España no reinasen las leyes, sino la arbitrariedad y los caprichos. Deseoso del bien público, disgustado de los espesos de unos y otros, y desengañado de que no es oro todo lo que reluce en ningún partido, se halla S. M. en la disposición más propia para gobernar según leyes claras, juntas y eficaces, sin necesidad de entregarse en manos ajenas, pues tantas veces ha sido burlada su confianza. ¿Y quién más interesado que el rey en fijar de un modo sencillo y preciso sus relaciones como soberano con los súbditos y el modo de proceder con firmeza y seguridad en su gobierno? Por estas consideraciones ninguna persona podría ser más a propósito ni ocupar más dignamente el trono de España en la presente crisis que el señor don Fernando VII, que puede reunir al vigor de la juventud la experiencia de la vejez, y adquirir una fama eterna poniendo los ojos en la conducta de su augusto tío el rey de Francia; y por cierto que ningún monarca puede llamarse más grande que Luis XVIII y Jorge IV si se atiende a la autoridad que disfrutan sin responsabilidad, al poder de sus naciones respectivas, y a la satisfacción que resulta de reinar sobre súbditos que son felices.—Si se atiende a los hombres que en España pueden dirigir la administración o sea los diferentes ramos del gobierno, se verá que los que en el día se hallan en turno, no están en disposición de verificarle: en una nación de empleados rutineros en que la ciencia del gobierno no se enseñaba ni se aprendía en ninguna parte, ¿qué extraño es que haya pocos hombres de estado? y si aun en esta nación es una fracción la que está en actitud y posesión de mandar y ser empleado, resultará palpablemente la falta de hombres, y esta falta esencialísima no puede cubrirse sino con instituciones bien entendidas.—Si se fija la atención en la división de los ánimos, se verá que en España es mayor el número de los descontentos que el de los contentos: los partidos no se reúnen por falta de mediación, y si las cosas continúan así, será preciso prolongar indefinidamente la ocupación extranjera, cosa que entre otros inconvenientes tiene el de privar mensualmente al erario de cantidades que podrían ayudar a mantener un ejército español. Si el gobierno francés ha de disminuir gastos superfluos y retirar sus tropas, es preciso que el español se ponga en disposición de poder algún día caminar por sí, operación que no puede hacerse sin la fusión de los partidos, ni esta, sin un gobierno representativo. Y la seguridad misma de los individuos del ejército de ocupación depende de la reconciliación de los ánimos, pues mientras duren las medidas hostiles y de terror, los franceses serán considerados como enemigos, ya por un partido, ya por otro, ya por ambos a la vez.

Si se atiende al decoro mismo de la nación francesa y su gobierno, se verá que está comprometida a que en España se tome un temperamento conciliador: con efecto las ofertas hechas por el señor duque de Angulema, las capitulaciones formalizadas en su Real nombre, y las providencias tomadas por S. A., todas se dirigían visiblemente a restablecer la concordia; tanto, que de seguirse un sistema contrario quedaría desairado el heredero del trono de Francia. Cuando a mediados del año anterior podía decirse que no había gobierno en la península, las tropas francesas mediaban hasta cierto punto entre los individuos de partidos opuestos: ahora que la fuerza armada está pasiva, toca al gobierno francés mediar, no ya entre los individuos sino entre los partidos, o por mejor decir, entre el trono y los pueblos.[28] Si se pretende contar el número de comprometidos en el régimen constitucional, a pocos pasos que se den, se conocerá la necesidad de cerrar los ojos y desistir de la tentativa. Al marchar a Sevilla sacó de Madrid aquel gobierno casi todos los papeles pertenecientes a los tres años, siendo uno de sus motivos quitar del medio los documentos que podrían servir de instrumento a las venganzas y persecuciones; pero estos papeles han vuelto a Madrid, y ¡qué consecuencias no pueden ocasionar! Si se examinan con cuidado, quedarán muy pocos de los que ahora figuran en el gobierno sin salir con alguna lacra, porque, ¿cuántos son los que particularmente o en cuerpo no haya estampado una firma capaz de echar por tierra su actual pretendido heroísmo?... Es un error en que pueden incurrir los extranjeros el creer que los que vociferan de realistas en España están exentos de toda tacha en su conducta política; ¡cuántos hombres modestos y de mucho mérito están metidos en un rincón, a quienes el pudor no permite salir hoy a chillar solo porque ayer tomaron en el régimen constitucional, una parte mucho menor que los que chillan!... Una comisión presidida por un antiguo inquisidor está encargada hace tiempo de registrar mamotretos y sacar listas de todos los individuos de sociedades secretas; pero ¿por dónde consta la autenticidad de los documentos? ¿O cuántas arbitrariedades no da margen esta pesquisa? ¿Y se comprenderán también en ella los iniciados en la actual masonería realista y sus reuniones clandestinas?[29]

---

28 El general vizconde Dijeon, comandante en jefe del ejército de ocupación, parece sujeto muy a propósito por sus luces, prudencia y tesón para llevar adelante las miras de su gobierno. Combinados sus esfuerzos con los del cuerpo diplomático, podrán auxiliar al rey Fernando a organizar el estado, y lejos de servir de instrumento a un partido, contribuirán a reconciliar los ánimos de los españoles, y contener los excesos que por uno u otro estilo intentaron cometerse.

29 Es cosa graciosa ver el empeño con que se persigue indistintamente y sin datos a los individuos que se supone han pertenecido a sociedades secretas, al paso que se recibe y fomenta un instituto religioso, que tiene los mismos resortes y mayores medios de conmover al mundo, que aquellas sociedades. También es chocante que se haya presentado hace pocos días al rey Fernando por individuos del partido levítico o terrorista, el plan formal y completo de una asociación clandestina con los correspondientes ribetes, para trabajar en apoyo del altar y el trono, invitando a S. M. a ponerse al frente de esta flamante masonería;

El ejemplo que acaba de dar el emperador de Rusia respecto de las sociedades secretas, es el que debía imitarse en España con mayor motivo. No digo que no sean observados por el gobierno los individuos que pertenecen o en diferentes épocas hayan pertenecido a ellas; muy al contrario creo que si fuese posible debían calificarse cuidadosamente para percibir la extrema distancia que hay entre unos y otros y lo mismo correspondía hacerse con todos los empleados antiguos y modernos para fijar su suerte; pero estas clasificaciones y las purificaciones que de ellas emanan en su caso, no han de ser clandestinas y arbitrarias, sino que deben presidir a ellas la firmeza y la buena fe, y cierto grado de publicidad.[30] El separarse de este punto, no

---

plan e invitación que han sido desechados como era regular. Hombres extremados, he aquí vuestra imparcialidad: la ley del embudo es vuestra divisa.

30 Se ha publicado por fin en la Gaceta de Madrid de 20 de mayo el real decreto que hace tiempo se aguardaba de indulto y perdón general, exceptuando a los reos de delitos positivos que deberán ser juzgados con arreglo a las leyes. Este decreto importante (que aunque oportuno, lo habría sido más en octubre del año anterior) ha sido perfectamente recibido por todas partes, menos donde las autoridades han creído hacerse un mérito contrariándolo; y el cuerpo diplomático extranjero ha hecho la extraordinaria demostración de felicitar por el S. M., lo cual prueba que los monarcas de Europa desean la unión y concordia de los españoles como base de su felicidad. Las disposiciones del decreto son generalmente acertadas, entre ellas la relativa a sociedades secretas, y por lo tanto me limitaré a observar que, según se conoce a primera vista, su conjunto es obra de diversas manos que sucesivamente lo han ido retocando. Yo creo que quedando exceptuados los delitos, y recayendo principalmente el indulto sobre los errores de opinión, merecían una amnistía u olvido más bien que otra cosa, pues no tienen pena señalada por las leyes, único caso en que puede venir bien el indulto. También es una impropiedad el decir la llamada constitución hablando de la de 1812, pues según todas las definiciones antiguas y modernas, aquella es realmente una constitución, aunque muy jacobínica y desatinada, que es como se la puede llamar con toda propiedad: lo demás es lo mismo que si al hablar del tiempo transcurrido desde 1820 a 23, se dijese los llamados tres años de 1820, 21 y 22, que sería cosa risible.

No quiero anticiparme a las consultas que precisamente se harán al gobierno sobre algunos puntos dudosos del decreto; pero conviniendo en el principio de que hechos de igual condición en virtud del indulto todos los empleados no exceptuados, necesitan clasificarse para optar a los destinos que el rey pueden libremente dar y quitar en razón de la aptitud, mérito y opiniones de los sujetos, insistiré sobre el malísimo método que se observa en las purificaciones. La suerte de los empleados se decide en virtud de informes reservados que luego se queman para seguridad de los informantes, resultando que sin la menor responsabilidad puede ejercerse todo género de venganzas, que nunca escasean en tiempos de turbulencias. Los díscolos e intrigantes se apresurarán a buscar resortes para que los informes se pidan a gentes de su confianza y saldrán airosos, al paso que los hombres pundonorosos y modestos que no quieran bajarse a dar semejantes pasos, están muy expuestos a verse arruinados. La historia de las purificaciones hasta últimos de mayo confirma demasiado la verdad de estas presunciones. Enhorabuena que se tomen noticias e informes reservados sobre cada sujeto; pero cuando no le sean favorables, hágasesles saber a lo menos que se le acusa de tales o tales excesos, y óiganse sus defensas, para que en su vista y teniendo en consideración la vida anteacta, pueda decidirse con pleno conocimiento sin que triunfen las calumnias y particulares enemistadas. Mientras que no se haga así, quedará ilusorio el decreto, y en lugar de producir buenos resultados, dará margen a mayores disgustos y desasosiegos.

Casi me abochorno de hablar de la falta de cumplimiento, o más bien de la violencia con que han infringido este decreto algunas de las mismas autoridades que más debían esmerarse en llevarlo a efecto en todas sus partes. En lugar de dar honor a las solemnes palabras del soberano y secundar sus benéficas intenciones, es sumamente doloroso que se haya intentado ponerle en mal lugar a los ojos de los nacionales y extranjeros, dando margen a conjeturas poco decorosas. Los ejemplares de haber obligado a salir de Madrid a algunos sujetos que confiados en el tenor del decreto habían ido a reunirse con sus familias, han alarmado fuertemente los ánimos y destruido la mayor parte de los buenos efectos que debía producir aquella medida conciliatoria, comprometiendo el crédito del gobierno. Pero olvidando estas desagradables ocurrencias, hijas sin duda de un celo indiscreto de los agentes subalternos y cuyo resultado ha de ser mejorar y afianzar la posición de los amnistiados, es preciso observar que el decreto de indulto no es ni puede ser una providencia aislada.

Mírese bajo el aspecto que se quiera, bien de la reconciliación de los ánimos y cesación de las persecuciones (que se verificará en cuanto algunas autoridades dejen de fomentarlas), bien de la masa de hombres moderados que precisamente va a entrar tomando parte en los negocios públicos, o bien del refuerzo que recibe el mismo partido moderado con la reunión de muchos absolutistas desengañados que quieren seguir la marcha juiciosa emprendida por gobierno, es evidente que el terrorismo ha recibido un golpe mortal. Si el gobierno español no hubiese empezado a tomar medidas conciliatorias, jamás tendría esperanza de consolidarse pues marcharía constantemente sobre el cráter de un volcán; pero una vez que se ha decidido a emprender el verdadero camino, tampoco puede pararse en la mitad de él. Él mismo se ha colocado sobre un plano inclinado, que la fuerza de las circunstancias y la opinión le obligarán a ir recorriendo hasta descender a ponerse en el terreno trazado por la experiencia y el raciocinio. Si violenta era la posición del gobierno en España, lo sería mucho más queriendo sostener el absolutismo después del 20 de mayo, porque es más fácil mantenerse en un punto horizontal, por pequeño que sea, que retroceder cuesta arriba. Está dado ya el paso que ha de preceder a la mejora y perfección del es proceder propio de un gobierno, sino que lleva todos los caracteres del espíritu de facción y de venganza.

Pues a fe que si no se quieren individuos que hayan pertenecido a tales sociedades, ya puede el gobierno echar a la tercera parte de sus actuales empleados, que o lo han sido, o no han podido lograr ser admitidos en ellas. El espíritu de persecución ha hecho comunicar órdenes rigurosas a los prelados para castigar a los eclesiásticos que se hayan distinguido por su exaltación, sin hacerse cargo de que esta palabra está sujeta a interpretaciones arbitrarias, ¡resultando la monstruosidad de que muchos tengan que proceder contra sus súbditos por haber obedecido sus mismas órdenes dadas en tiempo constitucional, y si entonces no las hubiesen obedecido, los habrían castigado también!... Julio César hizo quemar públicamente la correspondencia interceptada a Pompeyo de los partidarios que tenía en Roma, y lo mismo vino a hacer después Octavio, porque cuando no es posible tomar venganza de todos, vale más ignorar los nombres de sus enemigos. Y si esta es una máxima reconocida para los casos en que los enemigos son personales y están marcados de un modo positivo, ¿qué sucederá cuando se trata de diferencias de opiniones que forman hasta llegar a los delitos una escala, cuyos grados son inapreciables en tela de juicio? Una conducta semejante es la que convierte a los contrarios en amigos, y la única que puede concluir felizmente la guerra civil: lo demás es agriar a los hombres u obligarlos a todo género de degradaciones y bajezas. ¿No concibe cualquiera que si por desgracia resucitase en España el régimen constitucional, correrían allá a purificarse la mayor parte de los que lo están haciendo ahora?... Pasan de trece mil los oficiales que tomaron partido por el intruso rey José, y sin embargo casi todos estaban ya purificados en 1819, porque no hay mancha de opiniones y partidos que no se lave con el transcurso de los años y un poco de destreza, y si al cabo y al fin ha de suceder forzosamente lo mismo con los constitucionales, ¿no es mucho más político y generoso que deban sus rehabilitaciones (no hablo de los reos de delitos positivos) a la bondad

sistema gubernativo; resta ahora preparar y realizar con tino la obra, según indicaré más adelante. El actual ministerio es llamado a llevar a cabo esta importantísima empresa, tan delicada como demuestra la experiencia de los muchos que la han malogrado, pero cuyos errores son otros tantos peñascos, que desde larga distancia están señalando los puntos peligrosos para evitarlos.

del monarca, que al tiempo y los manejos? ¿Y no vale más que queden obligados a la generosidad de S. M., que el que habiendo sido acrisolados por los tribunales, se consideren luego con derecho a todo, y nada tengan que agradecer?

Si se mira al objeto esencial de una constitución, se verá que en ninguna parte es más necesaria que en España. Un escritor moderno dice estas palabras:

> La única constitución que se haría en cierto modo indestructible, si es que hay alguna que pueda escribirse y hacerse de un solo golpe, sería aquella que solo consistiese en la declaración de los primeros principios del orden social, y en la organización del gobierno, dejando a la legislación el cuidado de dirigir los movimientos de este último según las costumbres y circunstancias.[31]

Con más firmeza y precisión habría enunciado estas verdades, si hubiese anticipado una sola página su misma definición en estos términos:

> Los poderes legislativo y ejecutivo constituyen la acción del gobierno, y el pacto que determina a quién pertenece cada uno de dichos poderes, se llama constitución.[32]

Con efecto, la constitución es el edificio público, y la legislación, el régimen de los que lo habitan.[33] ¿Y de qué serviría una hermosa habitación para una familia s no encontrase en ella paz y seguridad? A poco que se reflexione se conocerá que una constitución no puede tener otro objeto que asegurar una buena legislación civil, y el pueblo que estuviese seguro de disfrutar siempre de este beneficio, para nada necesitaría la legislación constitucional, ni aun lo que se llama legislación política. Pero la legislación civil y criminal en España está muy lejos de la perfección: sus cuerpos de leyes son informes, resintiéndose de la diversidad de las épocas en que se formaron, y toda la sa-

---

31 *Filosofía política*, por Bourbon-Leblanc, traducción castellana, págs. 43 y 44.

32 Ibíd., pág. 45.

33 Lacroix, *Constitutions*, etc., tomo I, pág. 99.

biduría y oportunidad de una ley cualquiera, no puede libertarla de caducar cuando varía con el transcurso del tiempo el carácter y las circunstancias del pueblo para quien se formó. Una constitución bien calculada no solamente es necesaria para asegurar los medios de establecer una buena legislación, e impedir que se infrinja, sino también para hacer que vaya siguiendo el movimiento general de los movimientos y las luces, que varían con frecuencia el aspecto de las naciones. Por lo que en otro lugar dije extensamente acerca del consejo de Castilla, gran legislador de España, se vendrá en conocimiento de que mientras siga tan sumamente sobrecargado de atribuciones, ninguna de ellas puede estar bien desempeñada. La formación de leyes que es uno de los muchos ramos en que entiende aquel Consejo, es el objetivo más importante en una nación, y para asegurar su acierto no bastan las luces concentradas de un solo cuerpo por privilegiado que se le suponga; ¿qué será pues si este cuerpo tiene otro sinnúmero de atenciones que lo ocupan incesantemente?... Si quisiera dar una prueba de que muchas de las leyes que rigen en España son hijas de las circunstancias y del calor del momento, citaría entre otras la ley 6.ª, libro 7, título 30 de la Novísima Recopilación, ¡que prohíbe cazar en Madrid y veinte leguas en contorno con perdigones y lo permite con bala rasa! La ley 1.ª, libro 7, título 32, del año 1530, y prohíbe hacer balcones en las casas, cosa que en aquellos tiempos era común en toda Europa y casi indispensable en los parajes cálidos como son generalmente los pueblos de España. Estas leyes están vigentes puesto que el Consejo no las omite en las recopilaciones, pero nadie las observa; ¿y cómo se explican? Muy sencillamente: hubo cualquiera de tirar una perdigonada a algún sujeto de viso en la corte, y he aquí la prohibición de los perdigones: hubo sin duda de caerse algún balcón y cogería otra persona de importancia o cosa semejante: ¡fuera balcones![34] Los que han examinado con alguna sagacidad el mecanismo del gobierno español y su marcha, digan si no es

---

34   Para remediar los desaciertos de los consejos en la formación de las leyes, se ha introducido una práctica más perjudicial todavía, y es que los ministros las expiden en sus ramos respectivos siempre que lo juzgan conveniente. Así se ve muchas veces que un oficial de secretaría presenta al despacho un expediente cualquiera, le pone una nota según su saber y entender, y sobre ella recae una resolución del ministro, que se convierte en ley o disposición general sin más formalidades. ¿Qué extraño es según esto, que haya tantas leyes contradictorias y perjudiciales en España?

este casi siempre el espíritu de sus medidas; los grandes se propasan, se les humilla hasta el suelo; los procuradores de los consejos confiados en su número hablan con libertad, se reducen a dieciocho las ciudades de voto; hay algunas turbulencias en las elecciones de procuradores, se limita la elección a los concejales; y así se destruye todo; porque se corta por el tronco cuando solo debían podarse algunas ramas.

Si consideramos los progresos que la cultura e ilustración iban haciendo en España desde que empezó a reinar la dinastía de Borbón, se inferirá que por un orden regular estarían muy mejorados todos los ramos de la administración pública ha no haber mediado los ensayos de un mal calculado sistema representativo, pero por castigar a unos cuantos díscolos ¿se ha de perjudicar a toda la nación y a las generaciones venideras con un retroceso violento?—Con respecto al crédito interior y exterior del gobierno es claro que no puede levantarse sin una marcha franca, segura y uniforme, que solo puede lograrse con un sistema representativo. Si las contribuciones es imposible que sufraguen para la mitad de los gastos públicos en estos primeros años, ¿quién le prestará caudales a un gobierno sin crédito, o en caso de prestárselos no lo hará de un modo ruinoso que precipite y asegure su caída? Y sin dinero, ¿cómo marcha la máquina del estado?—Si volvemos la vista a las cárceles, las encontraremos atestadas de presos, la mayor parte sin motivo aparente, pues los verdaderos criminales han tenido buen cuidado en lo general de ponerse en salvo: las familias en orfandad, llenas de miseria y amargura; el espíritu de delación y espionaje entronizado, y las persecuciones continuas. Se me erizan los cabellos al estampar que en abril de 1824 ha opinado en consulta a S. M. el primer tribunal de la nación (el consejo de Castilla) que debe formarse causa a todos los individuos de los yuntamientos constitucionales de los años pasados, es decir, ¡¡¡a doscientos mil individuos sin acusación ni presunción de delito!!! ¡Y el rey que es un hombre solo y que ha sufrido tan repetidos insultos tiene que templar la violencia de un cuerpo colegial, que debiera ser tan impasible y sereno como la ley misma!... Estos males cuyo foco está muy inmediato al gobierno, o por mejor decir dentro de él, solo podrán atajarse cuando este se modifique.—Tampoco pasaré en silencio otra consideración importante, y es, que el gobierno francés obtendrá probablemente alguna indemnización por los gastos de la guerra, así como hicieron los aliados en 1815 respecto de la Francia; pero a buen seguro que no hará efectivo su cobro, ni aún el de los 34 millones de francos que le han sido reconocidos por anticipaciones hechas al gobierno interino español y sus tropas,[35] a menos que adopte el medio de ayudar a poner un gobierno representativo que arregle entre otros el ramo de hacienda en España, o bien se alce con la administración de las rentas de este país hasta cobrarse, como en circunstancias semejantes se hace entre los particulares. Que el primer partido sea el más decoroso, el más justo, el más honroso a la Francia y España, y el único compatible con el derecho de gentes, cualquiera puede conocerlo.

Si estas consideraciones no fuesen más que suficientes para decidir la cuestión, todavía pueden aducirse otras de no menos peso. La mayor calamidad que podría afligir a la España después de tantos males, sería que volviese a aparecer en su suelo la ominosa constitución de 1812: la imaginación se estremece al contemplar la atroz carnicería de que vendría acompañada; toda la familia real sería sacrificada del primer golpe, los templos vendrían a tierra, y sería tanta la sangre que corriese por la superficie de la península, que sus campos se verían anegados, porque no sería ya la apariencia de una constitución lo que viniese, sino que entraría el más feroz terrorismo con su comité de salut public, su guillotina y todos los furores que se desplegaron en tiempos de Santerre, Marat y Robespierre. Apartemos la vista de este cuadro horroroso de sangre y desolación, pero no olvidemos que el único camino que en España podría conducirnos a él sería el del despotismo. Con efecto, la constitución de Cádiz es lo peor posible para la España, pero después de ella lo más malo es la camarilla, iy ay del rey y de todos los españoles si volviesen a entronizarse los manejos que en otros tiempos nos perdieron! La cosa es demasiado importante, o interesa muy inmediatamente a todos para no hablar con claridad: todas las buenas cualidades y ardientes deseos del rey Fernando, toda la cooperación de su real familia y todo el auxilio y los vetos de los españoles que se interesan en el bien de su país, no bastan para montar la máquina del estado si no se toma el partido que

---

35   El tesoro francés dio en 1823 a la Regencia de Madrid, 11.877.731 francos, y a las guerrillas y tropas españolas más de 22.000.000 fr. Que forman el total de 34.000.000 fr., o sea 128 millones de reales.

aconsejan la política y la necesidad. En una nación tan atrasada en la cultura, tan fatigada de guerras y devastaciones, tan exhausta de medios y tan desquiciada por todos lados, no hay nadie ni aun suponiendo un ser privilegiado en quien la divina Providencia infundiese el don del mando en más alto grado que lo poseyó jamás hombre alguno, que pueda restablecer el orden, si no es valiéndose de los medios que dejo indicados. Si la nación española ha de desterrar enteramente de su suelo el jacobinismo y conjurar sus furores, si ha de evitar las catástrofes que la amenazan, es preciso que su gobierno aumente partidarios en lugar de disminuirlos, y de vellón reconocidos ya por el gobierno español. El total de gastos extraordinarios del ejército francés en la campaña de la península ha sido de 207.708.077 francos, o 782.185.701 reales de vellón que cubra con un manto paternal a sus hijos, pues al que manda siempre le quedan medios de vigilar sobre cada uno de los individuos, y disponer luego de ellos como sea más conveniente. Es necesario reunir los ánimos, reanimar las esperanzas, sacar partido de las luces y cooperación de todos, y atemperarse a las circunstancias de los tiempos aprovechando las lecciones de la experiencia. Estas consideraciones adquirirán todavía más fuerza si se observa que por una feliz casualidad han estado unidas en la pasada crisis todas las potencias de Europa en opiniones e intereses, pero que algún día pueden llegar a desunirse. Cuando esto se verifique, cuando los intereses comerciales o alguna combinación política lleguen a encender la guerra entre dos grandes potencias de Europa, ¿no es fácil prever que ha de ponerse en combustión todo el continente, porque en todas partes hay carbones encendidos debajo de la ceniza? Entonces sucederá que una potencia apoyará el absolutismo y otra el liberalismo, la causa se hará general, y ¿quién es capaz de calcular sus resultados? Y aun cuando estos fuesen favorables a los principios monárquicos, ¡qué de errores no se cometerán durante la lucha! Los gobiernos vacilantes estarán expuestos a desmoronarse con un soplo, y por esto debe considerarse como limitado y perentorio el tiempo dado para consolidar un buen gobierno en España, operación en que no puede perderse un minuto porque acaso se lloraría algún día. La Francia nos ofrece un ejemplo vivo y una lección saludable de esta verdad. Consolidado ya su gobierno, ¿tiene algo que temer en su interior aun cuando emprenda una guerra? Seguramente que no: y si el mismo Napoleón Bonaparte pudiese volver a desembarcar en las costas de Francia, los Borbones nada tenían que temer, porque serían muy pocos los locos que dejasen un bien seguro y duradero por seguir una ilusión. Tales son los frutos que recoge un buen gobierno de su sabiduría y paternales cuidados.

En España se necesita un gobierno templado para atraer a los extranjeros que puedan hacer prosperar las artes entre nosotros, y a los mismos españoles, que cotejando la situación de su país con la de otros inmediatos, se expatrían por disfrutar tranquilidad. Se regulan en 80 millones de duros los que han salido de la península por este camino en el año de 1823, a que deban agregarse otros 200 millones que importan los caudales de los españoles emigrados de América que regresaban en estos últimos tiempos a su patria, y al observar la poca consistencia de su gobierno, se han quedado en el extranjero colocando allí sus fondos, sin que piensen poner el pie en la península basta ver variado y seguro el aspecto de las cosas. Esta es la España, que hace tres siglos aspiraba a la dominación universal, y que en nuestros días, despreciable como enemiga, inútil y gravosa como aliada, habría desaparecido totalmente de la lista de las naciones, si no la favoreciese su situación geográfica, y si los monarcas de Europa ocupados en conservar lo adquirido, no hubiesen renunciado por ahora al espíritu peligroso de conquista y dominación.

Los mismos individuos del partido triunfante en España conocen y confiesan que el actual estado de cosas no puede ser duradero: se manifiestan desasosegados y asustadizos, y temen perder lo que han alcanzado. Ahora que están agrupados, han podido reconocerse mutuamente, contar su número y apreciar su valor. Se han desengañado de que entre las gentes que piensan algún tanto, son pocos los jacobinos, no muchos más los absolutistas, y muchísimos los realistas constitucionales. Varios generales y otros sujetos de mérito que se aprecian en algo, y que han contribuido con todas sus fuerzas a derrocar la constitución,[36] apetecen un gobierno templado y combinan sus generosos esfuerzos para conseguirlo; y en, general pocos absolutistas de buena fe dejarían de abrazar desengañados este partido si pudiesen concebir que no serían despojados de sus empleos, porque este

---

36 Entre los militares merece ser citado con elogio el general Quesada, que se negó con firmeza a jurar la Constitución en 1820, y cuyas ideas políticas no por eso son exageradas.

es el punto de la dificultad en todas las transacciones. Mas yo me persuado que el que no esté absolutamente desprovisto de aptitud o probidad nada tiene que temer de cualesquiera nuevas instituciones, que en todo caso no, pueden menos de ser eminentemente monárquicas y conciliatorias.

Pero la consideración más fuerte de todas, pues forma su compendio, es la absoluta y evidente imposibilidad de que el gobierno español continúe por largo tiempo tal como está: las instituciones son defectuosas, y los hombres también. La exaltación del ánimo produce un estado de enajenación mental, un vértigo que no deja obrar a la razón; y sus consecuencias son la exageración de las ideas y el desenfreno de las pasiones. Los hombres que tienen así perturbadas las más nobles funciones del entendimiento, no son ni pueden ser buenos para dirigir los negocios en ningún país civilizado; y si a esto se añade que muchos de los figurantes del gobierno de España reúnen generalmente la circunstancia de estar resentidos y sedientos de venganzas, ¡qué campo no queda abierto a todo género de reflexiones!... Así es que el partido absolutista disminuye diariamente con una rapidez extraordinaria, y no hay cosa más frecuente que ver a los empleados en el fatal y desconsolador estado de avergonzarse en conversaciones confidenciales, de los principios y máximas del gobierno que les da de comer, encogiéndose de hombros, y echando la culpa de los males públicos a éste o aquél. No hay que cansarse: no se podrá formar ejército en España ni aún en miniatura como se pretende, ni podrán montarse los demás ramos de un modo racional, si adoptando el gobierno una marcha más franca no so vale también del partido moderado, que encierra lo más florido de todas las clases del estado. Asentado un sistema templado de gobierno, estos individuos lo sostendrán por convencimiento hasta consolidarlo: por el contrario, el absolutismo no puede contar para su defensa ni aun con los mismos a quienes paga. Con efecto, entre los empleados civiles, militares y eclesiásticos, los que raciocinan no pueden sostener con vigor un sistema cuyos principios les avergüenzan particularmente; y los que no raciocinan valen muy poco en todos sentidos. Estos últimos son procedentes en parte del partido tragalista, y no pocos hacen alarde a falta de méritos e idoneidad, de perjurios, de intrigas y de prostituciones de toda especie; que repetirán probablemente siempre que así convenga a su ambición. Aun cuando el gobierno representativo no tuviese otra ventaja que asegurar la elección de empleados por medio de la responsabilidad y de una racional y justa libertad de imprenta, bastaría por sí sola para exceder incomparablemente a todos los inconvenientes que se le pueden objetar.

Últimamente, si la utilidad y absoluta necesidad de un gobierno positivamente moderado para la España, se consideran respecto de esta misma nación, se verá que no solamente son evidentes, sino que no admiten demora en su aplicación. Los males públicos van diariamente en aumento, las escaseces crecen, y para colmo de desgracias, la cosecha de este, año se presenta tan miserable en toda la península, que es de temer un hambre asoladora, y la peste que la acompaña. Las quintas o sorteos que se van a hacer para el ejército, las órdenes dadas para pagar los diezmos atrasados y la falta de pan que amenaza, hace recelar con fundamento que se ponga en fermentación estrepitosa la masa ínfima de los pueblos, y se entregue a desordenes y facciones en todos sentidos. El gobierno templado debe prevenir estos disgustos, o aplicar en el modo posible a su remedio, y aun sacar partido de ellos. El torrente que desmandado destruye la campiña, si se recoge y distribuye en canales de riego, fertilizará y hermoseará el mismo terreno que antes destrozaba.—Si se considera la cuestión con más latitud, se verá que el espíritu de novedad e insubordinación ha penetrado hasta las clases más elevadas según demuestran los sucesos de Portugal, Nápoles y Piamonte, y es preciso atajarlo. Si así no se hiciese, ningún monarca podría estar tranquilo en el trono, crecería la audacia de los conspiradores, y cuando viesen que no podían trastornar los gobiernos, concentrarían sus esfuerzos contra las personas mismas de los soberanos. Un gobierno templado es tan necesario para la felicidad del que obedece como para la tranquilidad del que manda, porque solamente el uso moderado de la autoridad y el bienestar de los gobernados pueden desterrar las maquinaciones contra los gobiernos. ¿Qué rey hay en el mundo tan libre, tan grande y tan tranquilo como los de Inglaterra y Francia? Ninguno. La libertad de los reyes no consiste en mandar arbitraria y despóticamente; al contrario, entonces es cuando sus palacios parecen fortalezas o prisiones, sus cortes, presidios, no descansan de día ni de noche, y viren arrastrando una existencia pesada para sí y ominosa para sus pueblos. Se les figura que son libres, porque están rodeados de esbirros que obedecen sus caprichos; pero en realidad son esclavos de sí mismos y de los intrigantes que halagando sus pasiones, los adormecen para mandar en su nombre y gobernar el estado. Su poder es una sombra vana, y el terror es su único apoyo, Pero, ¿en que vendría a parar esta misma sombra, si al déspota le faltasen recursos pecuniarios para pagar a sus agentes y verdugos? ¿Quién obedecería su voz? ¿Quién reconocería su autoridad?... Por fortuna para hallar hoy un déspota, es menester ir hasta Turquía o pasar a los vastos países del Asia: los reyes de Europa conocen sus intereses y los de sus pueblos, y caminan paulatinamente en el sentido de las luces y la razón. La prueba de que la Europa rechaza el absolutismo, consiste en que en las contrarrevoluciones de Francia, Nápoles, Piamonte, Portugal y España, no ha habido ningún monarca que destruidos los sistemas revolucionarios haya anunciado a sus pueblos que iba a mandar arbitrariamente, sino que por el contrario todo han protestado que observarían las leyes y se ocuparían en hacer mejora y promover el bien general. Pero a excepción de la Francia, ¿dónde están las garantías de estas protestas?...

Todas estas razones por no descender a otras de menor importancia, militan a favor del establecimiento en España de un gobierno representativo, razones que, sí no me equivoco, deben producir un convencimiento irresistible; mas para no dejar incompleto un punto tan importante, voy a hacerme cargo de dos objeciones que se me podrán oponer. Se dirá por alguno que el establecimiento de aquel sistema en España es antipolítico, pues que las grandes potencias no lo han realizado en Nápoles, Piamonte y Portugal que se hallan en circunstancias semejantes; y también se dirá que por este medio lograrán reproducirse las ideas revolucionarias, y llegarán otra vez a entronizarse.

A la primera objeción responderé sencillamente que las reglas de política aplicables a una nación, no siempre lo son a otra, porque es sumamente difícil que concuerden en todas sus circunstancias. Por descontado el Portugal tiene la ventaja de haber terminado sus revoluciones sin socorro extranjero, y así nadie está en el caso de influir en su suerte futura, bien que la coincidencia de muchas de sus circunstancias con las de España y la ilustración de algunos de los principales personajes de aquella nación, hacen creer que no tardará mucho tiempo su gobierno en adoptar un régimen representativo.[37]

---

37 El mal éxito de la intentona en que algunos díscolos han envuelto el inexperto infante don Miguel, ha acelerado felizmente esta operación. Es más que probable que la caída del

Napóles y Piamonte, sin entrar a discurrir lo que allí sucederá con el tiempo, se parecen a la España en que la revolución ha sido derrocada por las fuerzas extranjeras, pero en ninguna otra cosa. En aquéllos países los diferentes ramos del gobierno, mejorados por la mano de los Franceses, se hallaban en un pie ventajoso, la administración de las rentas estaba bien montada, su deuda pública era casi ninguna y su legislación envidiable. La revolución de 1820 que en España fue efecto del fatal estado de todos los ramos y que de un modo u otro era inevitable, fue en Nápoles y Piamonte obra en gran parte de manejos de los mismos revolucionarios españoles, valiéndose de militares descontadizos que habían hecho su carrera bajo otras banderas que las de sus legítimos soberanos. Las revoluciones de Nápoles y Piamonte pasaron como un relámpago sin dejar apenas rastro, y así fue muy fácil restablecer las cosas al buen estado que tenían anteriormente y por el cual pueden continuar todavía: claro está que en España ha pasado todo al revés. Esto en cuanto a Nápoles y Piamonte: por lo que respecta a los soberanos de las grandes potencias, no hay indicio alguno de que aspiren a plantear el gobierno despótico en ninguna parte. Su conducta esté desmintiendo las especies groseras de los que intentan desacreditarlos: en sus estados protegen y fomentan por todos medios las artes y las ciencias, y ya se sabe

---

partido terrorista de Portugal produzca también su efecto en España, donde se proyectaba emplear igualmente medios violentos para obligar al rey Fernando a mudar el actual ministerio. Era cosa bien risible ver a los apóstoles de la legitimidad, a los realistas más alambicados, disculpar, sostener y patrocinar viribus et armis la desobediencia del infante de Portugal contra su Padre y su rey, solo porque esperaban que la causa de la inquisición y el absolutismo iba a ganar el pleito. Si no fuese cosa muy sabida lo que puede el espíritu de partido y cómo juega con los principios y las opiniones, este ejemplar bastaría para demostrarlo de un modo concluyente. ¿Y cuántos ejemplares semejantes no se podrían citar? ¿Hay cosa más chocante que ver en el *Diario de Madrid* la corta lista que se publica de mes a mes de los individuos aprobados para completar los dos batallones de voluntarios realistas? Allí se pone: don fulano de tal, sirviente doméstico; don zutano, zapatillero; don mengano, peón de albañil; don remuñano, tratante de carnes, etc. en medio de un gobierno monárquico, en que son tan esenciales las jerarquías, y en que tanta distinción se ha hecho siempre de la nobleza. Los que censuran con justa razón la ridícula igualdad de los jacobinos que querían nivelar las clases rebajando a las más altas, ¿no conocen que propenden a otra igualdad no menos ridícula elevando a las clases más ínfimas hasta un punto que en ningún sistema puede corresponderles?

172

quc la ilustración no es compatible con el absolutismo. Y no contentos con eso, se les ve trabajar continuamente en asegurar a sus súbditos todos los goces sociales, anticipándose a sus necesidades y franqueándoles aquellos derechos políticos, que según los países y circunstancias puedan servir de garantía de su seguridad y libertad bien entendidas. Lejos de oponerse a la marcha general de los pueblos hacia la perfección del orden social, se ponen delante para guiarla y evitar que se extravíe en los precipicios que cercan el camino. El verdadero medio de llegar al despotismo es el de las paradojas revolucionarias, así como a éstas se llega también a su vez por el despotismo, formando un círculo infernal cuyos extremos se unen fuertemente; los monarcas de Europa sufrirían un cargo terrible de la actual generación y de las venideras, si tomando el camino medio no adoptasen precauciones para destruir y anonadar el vértigo jacobínico, que con solo un momento que volviese a desplegar su vuelo por este continente, lo dejaría reducido a un vasto montón de ruinas.

La segunda objeción merece ser refutada porque es la eterna cantinela que repiten los hombres tímidos, los que no remontan su pensamiento sino a muy corta altura, y muchos egoístas que se valen de este pretexto plausible para no escuchar consejos saludables. Al que en materias de tanto interés prefiere la ilusión al raciocinio, y no quiere oír verdades por no tomarse un mal rato, le sucede lo que al hombre a quien se estuviera quemando la casa, y no quisiera hacer oídos a los que le avisasen, para ir a apagar el fuego. Las ideas revolucionarias (y esta verdad es de la más alta importancia) han cundido por desgracia entre la juventud española, y seguirá también cundiendo en el resto de Europa por más que se haga, porque seducen la imaginación y halagan las pasiones. La fuerza y las bayonetas podrán detener sus efectos, pero no producirán el convencimiento, que es el verdadero medio de neutralizarlas y disiparlas. Sucederá lo que a un árbol, que si le cortan las ramas, extiende más sus raíces, y brota luego con mayor pujanza. El contagio no puede contenerse con el terror, sino con el desengaño. Sucede a muchos que se mezclan en negocios políticos lo que a algunos moralistas, que a fuerza de pintar los vicios con negros coloridos, los desconoce el joven cuando se le presentan disfrazados de un modo sencillo y seductor; defecto que criticó oportunamente un poeta presentando en una fábula dos ratones mozuelos, que al ver por primera vez un gato retozón, no pudieron figurarse que aquel fuese el enemigo feroz y horroroso que les había pintado su madre, hasta que uno de ellos cayó en sus garras. Todas las vociferaciones, conjuros y coacciones que se empleen contra las ideas mal llamadas liberales, serán inútiles, y si producen algún efecto, será en sentido contrario a aquellas medidas. Estas sencillísimas observaciones conducen a demostrar que en todo país en que sobre las ruinas de la anarquía se establezca otro sistema sucederá una de dos: o que el nuevo gobierno se valga del terror, o bien de los medios conciliatorios. En el primer caso los ánimos no se convencerán y el nuevo orden de cosas durará lo que duren las bayonetas, volviendo después por sus casos contados a la anarquía; en el segundo se verificará la convicción de los ánimos y unión de los partidos, y se consolidará el nuevo gobierno; pero éste es sustancialmente el camino indicado para la España, porque lo que se busca es un buen gobierno, y venga de una constitución mientras vive. Aquí entra luego la dificultad capital del gobierno monárquico puro, que es el carácter incierto de los sucesores, y de aquí la necesidad de prolongar por medio de una prudente constitución el reinado de un buen rey, que aunque muerto, podrá decirse que continua viviendo en el espíritu de las instituciones que haya dado a sus pueblos. Los jóvenes que miraban con justo horror los abusos cometidos por la tiranía y el despotismo en todas las edades, porque la historia de las naciones es de las pasiones humanas, tienen otro espectáculo más horroroso todavía en los crímenes y atentados cometidos de 351 años a esta parte en nombre de la filosofía y la libertad. Ofrézcaseles enseguida un gobierno práctico eminentemente monárquico, donde disfruten de la verdadera libertad cual no se ha visto en los gobiernos revolucionarios, y en donde la arbitrariedad del que manda esté coartada por medio de instituciones duraderas y bien fundadas; y entonces el convencimiento de la razón y de los sentidos les hará mirar como un bien inapreciable este feliz gobierno, y convertirse en sus acérrimos defensores. Creo que no me extravía el buen deseo: Inglaterra y Francia pueden hablar por mí. Y no se diga que semejantes gobiernos abren el camino a la democracia; nada de eso. Los revolucionarios lo conocen perfectamente; y tan lejos de salirse con la suya en un gobierno templado lo aborrecen de corazón mucho más que al despotismo; porque saben que aquél los anonada para siempre, y esté puede facilitar el camino a la anarquía, que es lo que ellos apetecen. Un volumen entero podría escribir en corroboración de esto: baste por ahora repetir que en cada país deben proporcionarse las instituciones políticas a su estado y circunstancias, proposición que nunca puede inculcarse demasiado, pues de acertar en esta primera operación depende todo. El gobierno absoluto a poco que se atasque, queda a discreción de sus enemigos; pero el representativo, fundado en la cooperación de la mayoría, marcha constantemente hacia su perfección siempre que esté bien calculado. Mas para acabar la cuestión con una sola palabra, preguntaría yo a los absolutistas: La Francia y la Inglaterra, ¿creen ustedes de buena fe que caminan hacia la anarquía?...

Probado ya hasta la evidencia que si en alguna nación ha sido indispensable y urgente establecer un gobierno representativo, es en la española, indicaré el mejor medio que dicta la prudencia para realizarlo. El decreto de Valencia de 4 de mayo de 1814 contiene la oferta de un gobierno en que se afiance la seguridad y libertad de los españoles, y se evite toda arbitrariedad en la administración pública; y la majestad Real lejos de degradarse en dar cumplimiento a una palabra tan solemne, está por el contrario comprometida a llevarla adelante. Por fortuna jamás han estado tan unidos los intereses públicos con la gloria y dignidad del monarca, como lo están en el presente caso. Pero el cumplimiento de la Real palabra solamente puede asegurarse por medio de una Constitución, no de declaraciones metafísicas, no de principios desorganizadores, sino fundada sobre bases esencialmente monárquicas, y sobre principios tutelares del orden social, a gusto y voluntad del Soberano, mediante consejo de personas imparciales, sabias y bien intencionadas. Y digo a gusto y voluntad del Soberano, porque antes de dar una Constitución a los pueblos, deben los reyes meditarlo mucho; pero después han de dar el ejemplo de marchar con franqueza, buena fe y seguridad por el camino que ella señala, obligando a que los demás hagan lo mismo, para lo cual siempre deben reservarse la fuerza suficiente: si no ha de ser así, se originarán convulsiones, y se hará inevitable una catástrofe. La legislación constitucional que se forme para la España sobre las bases indicadas, no deberá llevar nombre de Constitución, por no producir impresiones chocantes en los Ánimos, sino el de Carta o más bien Fuero general otorgado a la nación española, con obligación a los reyes de jurarlo a su advenimiento al trono, todo según las antiguas costumbres del país: y por la misma razón esta nueva Constitución deberá acomodarse y vestirse en cuanto sea posible a la antigua usanza española. Muy pocas hojas de papel bastan para esto: pero huyendo con cuidado de todos los extremos, no se trata de copiar al pie de la letra las viejas instituciones, porque ellas mismas están probando con el silencio su insuficiencia, pues que los reyes las atropellaron cuando quisieron. La opinión está dividida en España entre los realistas juiciosos y bien intencionados: unos quieren gobierno propiamente representativo, y otros se limitan a la celebración de las antiguas Cortes; pero yo creo que ambas cosas conviene hacerlas. La nueva Constitución o Fuero debe plantearse desde luego por vía de ensayo, convocando Cortes generales, no como en la época de su decadencia, sino como en sus mejores tiempos, compuestas de los tres brazos o estamentos en Castilla, Cataluña y Navarra, y de cuatro en Aragón según costumbre, y congregadas las de cada reino con separación como es uso, o bien reunidas todas en un punto para mayor facilidad, examinarán la nueva Constitución presentando al rey sus observaciones y zanjando, todas las dificultades, porque el rey no puede hacer mudanzas en las leyes fundamentales del reino sin cooperación de las Cortes. Por estos trámites se establecerá un Fuero que sea de la aprobación del rey, del clero, de la nobleza y del pueblo, y se podrá plantear sin disgusto ni convulsiones.

Establecido el Fuero con aceptación de la generalidad, él mismo irá adelantando en la mejora de los diferentes ramos públicos: no hará milagros, es verdad, pero al cabo de una docena de años parecerán milagrosos sus resultados comparándolos con los de otros sistemas; se perfeccionará poco a poco la legislación formando códigos claros y sencillos; se fomentará la industria; se asegurará la libertad; y por medio de estímulos a la virtud y al mérito, se verán renacer las costumbres públicas que están abandonadas. Se continuará el impulso que imprimió el gran Carlos III y se harán las reformas indispensables, no del modo brutal y estrepitoso con que procedían los falsos constitucionales, sino con oportunidad, tino y prudencia. La reunión de los ánimos que ha empezado a efectuar el transcurso del tiempo, acelerada por la política y bondad del monarca, y consolidada por el nuevo orden de cosas, será completa y duradera; y el ejército francés podrá retirarse a su país después de haber presenciado la verdadera consolidación del gobierno español y la terminación de la guerra civil. El rey atraerá sobre sí las bendiciones de los pueblos cuando lleguen a tocar ventajas efectivas de la sabiduría de su gobierno, y será tan amado y venerado de los españoles como lo es Luis XVIII de los franceses, que es el encarecimiento mayor que puedo emplear. Su presencia y sus órdenes no inspirarán terror ni indiferencia, sino respeto, sumisión y confianza. Tal es el cuadro halagüeño que presentará la España con un gobierno monárquico representativo, bien diferente de lo que podrá ser con el absoluto, ni con la inacción y parálisis en que hoy día se halla. Tales deben ser los deseos de todo el que ame de veras a su patria.

Aunque he concluido ya el objeto que me propuse en este largo artículo, no puedo menos de decir dos palabras sobre el ramo de hacienda y crédito público, por cumplir lo que ofrecí más arriba, y por tocar estos interesantísimos puntos sobre los que descansa y gira toda la máquina política cuyo arreglo es tan urgente y perentorio, que no admite espera de momentos, y debe preceder a la nueva constitución. Si el arreglo de un ramo hubiera de juzgarse por los muchos decretos expedidos sobre él, pocos deberían hallarse más adelantados que el de hacienda de España, porque ha estado en posesión de llenar casi todos los artículos de oficio de la Gaceta de Madrid, ponderando muy a menudo los fueros y libertades de las provincias exentas, contra toda política y equidad (pues si la libertad es un mal, no deben sufrirlo las provincias vascongadas, y si es un bien, se hace notorio agravio a las demás de la monarquía con su exclusión) e insertando disertaciones para explanar los motivos de las operaciones de hacienda, en que siempre queda con la razón por el sencillísimo motivo de que nadie le puede contestar. Este importante ramo necesita una cabeza muy fuerte y bien organizada; y si es difícil o imposible hallarla entre los españoles en razón de sus escisiones políticas,[38] no debe haber reparo en buscarla entre los extranjeros. Un ex-

---

38 El ministro anterior de hacienda había creado una junta para proponer un arreglo general
    de este ramo, pero el actual ha hecho poco caso de los interesantes trabajos presentados
    por ella, y ha querido tomar un sesgo particular, que no da grande idea de sus talentos
    económico-políticos. Entre los que se mantienen a costa del público, todo se vuelve formar
    proyectos, en los cuales se divisa siempre el más completo egoísmo, y aquello de justicia,
    pero no por mi casa. Aquí propone un eclesiástico que los gastos del ejército y empleados
    se reduzcan de una plumada a lo que eran en tiempo de Felipe V, o Carlos III, pero pre-
    tende que los diezmos vuelvan a producir lo que entonces, y que en lugar de tocarse un

tranjero no está ligado a preocupaciones, no tiene compadrazgos, sabe que la vista de todos se halla fija sobre él, y su interés está casi identificado con el bien general: tan despreciables como son los charlatanes que generalmente han sido acogidos con aplauso en España, son dignos de consideración los hombres de verdadero mérito, a quienes no pocas veces se ha pagado con ingratitudes, y que han venido a enseñarnos en algunos ramos interesantes lo poco que sabemos. Felipe V se valió en circunstancias semejantes del francés Mr. Orri, que sacó el ramo de hacienda del caos en que se hallaba, y lo estableció sobre bases tan sólidas como permitía el estado de las luces en aquel tiempo: acaso el mejor don que hoy pudiera hacernos la Francia sería el de un par de buenos ministros, teniendo empero cuidado de que viniesen solos, porque los españoles miran con malos ojos, y es natural, a los extraños en posesión de los empleos.

En cuanto al crédito público, no existirá jamás sino por antífrasis mientras que los naturales y extranjeros no se convenzan de que el gobierno tiene medios suficientes para cumplir sus empeños, y usa la más inalterable justicia y buena fe; y esta es una ventaja casi exclusiva de los gobiernos representativos. Para demostrar que no puede por ahora haber crédito en España, bastará citar entre otros muchos, dos hechos muy conocidos: el

---

ápice a sus rentas, se provean todas las prebendas vacantes, aun las no necesarias, cosa que se verifica demasiado. Allá un empleado pide que al clero se le ponga a ración para tener el corriente su sueldo; acullá grita un militar que el ejército es lo primero de todo y lo único atendible; y en estas continuas disputas cada uno agarra lo que puede como si fuese en país conquistado. A esto se llama en España hacer reformas. Se ha empezado la del ejercito por la guardia real como era regular; los guardias de Corps han sido reducidos de seiscientos a ciento ochenta, ¡¡¡pero sin embargo se han creado para este cuerpo tres mariscales de campo!!! ¡Como si no hubiese bastantes en España para proveer al ejército grande de Jerges! Y también es casualidad que los tres ascendidos sean individuos de la junta de purificación del cuerpo, y que hayan sido declarados impuros todos los jefes más antiguos... Pero afortunadamente el rey no ha sancionado todavía estos ascensos, y es probable que el ministerio exponga a S. M. los inconvenientes de autorizar semejante anomalía. No hay que cansarse: en España no habrá jamás hacienda, reformas verdaderas ni orden, mientras que no se nombre un primer ministro que regularice la marcha de los demás nivelando las pretensiones de todos, y mientras que una justa responsabilidad y una racional libertad de imprenta no pongan un freno saludable a los abusos, que renacen sin cesar bajo formas más variadas que las de Proteo.

178

extraerse frecuentemente para otros objetos los escasos fondos asignados para pagar el interés de la deuda, y el haberse arrancado a los compradores de bienes nacionales sus fincas en tiempo de la Regencia, sin devolverles los valores que dieron por ellas. ¿Hay alguna ley en el mundo que anulando un contrato de compra y venta, no reponga las cosas al estado que antes tenían, aun cuando quisiera suponerse mala fe en los contratantes? ¿Puede darse arbitrariedad más manifiesta? ¿Y quién se fiará de un gobierno, que siendo parte se erige en juez para sentenciar en favor suyo con una sola plumada, cargando con el santo y la limosna? Muy fácil me sería demostrar hasta la evidencia, que este procedimiento tan injusto es más antipolítico todavía... Es cosa sabida que la amortización civil y eclesiástica en España es una de las principales causas de su ruina. Desde antiguo se tomaron medidas por los reyes para atajar este mal, y a últimos del siglo pasado se vendieron para atender al rescaté de la deuda pública cuantiosos bienes de capellanías y otras fundaciones que se contemplaron del caso, asignando a los poseedores una pensión anual equivalente sobre los fondos destinados a sostener el crédito del estado. Pero las escaseces han crecido de tal manera, que lejos de pagarse estás asignaciones como es de justicia, ha sido preciso buscar nuevas fincas para enajenarlas, y este es el caso de los bienes que en los últimos años se llamaron nacionales.

No decidiré si las fincas de los monacales debieron o no ser las primeras de que se echase mano; pero en lo que no cabe duda es en que estos religiosos son mucho menos en número que en tiempos antiguos, y están por consiguiente sobrados de haciendas: en tal estado la medida más política y sencilla era haber ido reuniéndolos en comunidades de número competente, y con eso los monasterios que hubiesen quedado desiertos pasaban desde luego con sus fincas a ser pertenencia del fisco en calidad de mostrencos, salvas las reversiones de justicia. Las excesivas secularizaciones de la época pasada produjeron una carga de más de veinte millones de reales, que gravitaban sobre el crédito público cuando solamente debían pesar sobre sus mismas fincas; y así no fue fácil pagar a todos los secularizados con puntualidad, en cuyo sentido salieron perjudicados, siendo el principal vicio de esta operación la tropelía que las dichosas Cortes empleaban en sus reformas, cuando todo buen legislador lleva por regla el no hacerlas en perjuicio de los actuales poseedores. Pero todo esto se reduce a decir que la operación, aunque necesaria, se hizo con precipitación: por lo demás el comprador que vio que S. M. había sancionado el decreto del crédito público sobre el cual no se le hizo violencia ninguna visible, y que acaso habría resistido como hizo en el de señoríos; que sabía que en el anterior reinado se habían vendido del mismo modo muchas fincas eclesiásticas; que veía a personas muy allegadas al rey y en quienes debía suponerse especial consentimiento privado de S. M. tomar parte en las compras; que observaba que los poseedores de bienes nacionales de Francia quedaron disfrutando de ellos después de la restauración, aunque muchos no habían pertenecido a manos muertas, sino a particulares; era natural que se decidiese a emplear un papel que quizás había pagado al contante por todo su valor en mejores tiempos, procurando sacar alguna indemnización de la indiscreta confianza que había puesto en el crédito del estado. Y por más vueltas que se den al asunto, será menester al cabo de mil rodeos volver a parar a este mismo camino, solo que en lugar de hacer atropelladamente la operación, se hará con justicia y prudencia. Es verdad que en algunas ventas de fincas ha habido lesión enorme contra el estado por causa de manejos que nunca faltan; pero ahí están las leyes que determinan lo que debe hacerse en semejantes casos, ya rescindiendo los contratos, ya indemnizando a la parte que haya salido perjudicada en una porción tan considerable como la mitad del precio según en ellas se previene, operación que exige una sumaria y pronta revisión de todas las ventas. En cuanto a los monacales, es muy fatal encontrar un temperamento para que continúen viviendo en comunidad los que quieran; y aquellos que prefieran vivir en el siglo (contando en los casos necesarios con la suprema autoridad eclesiástica) no pueden considerarse despojados de sus fincas siempre que se les paguen las pensiones que se asignen para su congrua sustentación. No necesito repetir que si las Cortes de 1820 y 22 hubiesen sabido manejarse, los monasterios y aun los conventos habrían ido quedando desiertos, sin que los religiosos hubiesen tenido motivos más que para dar las gracias.

Los compradores de bienes nacionales son en España los sujetos de más crédito y fondos, y su número no baja de 50 mil: la mayor parte estaban deseando la entrada de las tropas francesas para librarse de las violencias y furores de los jacobinos; pero todos se han llevado chasco y están sumamente disgustados por el despojo violento que se les ha hecho sufrir de unas fincas que habían pagado, y en que generalmente habían invertido gruesas sumas para mejorarlas. La política aconseja atraerlos en lugar de exasperarlos: si no se les devuelven los valores que dieron por las fincas con abono de las mejoras tanto de necesidad, como de utilidad y aun de ornato con arreglo al derecho patrio por ser poseedores de buena fe, se comete una injusticia, la más solemne e injuriosa al gobierno; y si se los devuelven, se aumenta otra vez la deuda pública en tales términos, que equivale a hacer formal bancarrota. ¿Y quién responde a los compradores de que en tal caso les serán abonadas las mejoras por las comunidades respectivas, a cuyo favor han quedado? Cuanto más se profundice la cuestión, más dificultades se encontrarán de no mantener a los compradores la posesión de sus bienes, salvando las lesiones que puedan tener los contratos: de otro modo se aniquilará el crédito, se originarán mil reclamaciones, la justicia nunca quedará satisfecha en todas sus partes, y de consiguiente tampoco se logrará atraer a una considerabilísima porción de propietarios, cuya cooperación nunca ha necesitado más que en la actualidad el gobierno. No hay remedio: si en España ha de haber algún día crédito, es menester empezar por ahí. Inconvenientes podrán achacarse a esta medida, pero son infinitamente mayores los que resultarán de no tomarla: la culpa la tienen los gobiernos interinos que mandaron antes que el rey saliese de Cádiz, porque siguiendo y fomentando el impulso de las ínfimas clases, tomaron a rajatabla la determinación de devolver las fincas a los monasterios sin ninguna formalidad, con otras muchas disposiciones cuyo objeto tendía visiblemente a envolver a S. M., para que a su regreso no tuviera más recurso, que seguir el camino que a ellos les acomodaba; y por desgracia lo lograron demasiado. Miras mezquinas, consideraciones despreciables e intereses del momento podrán hacer seguir ciegamente el camino errado, pero poco tiempo tardarán en tocarse las consecuencias de semejante indiscreción.

Dicen algunos que los soberanos de la santa alianza se han propuesto escarmentar a los que se interesan en favor de los gobiernos de hecho introducidos por la fuerza, con el fin de evitar que se renueven las revoluciones; pero conviniendo en que es laudable el objeto, me parece enteramente errado el camino, y por lo mismo creo que no tenga fundamento semejante especie. La cuestión es muy sencilla y corriente cuando versa sobre un monarca ilegítimo e intruso, pero se hace sumamente delicada cuando se trata de un rey legítimo que continúa mandando aunque con alteraciones en la manera del gobierno, y que lejos de declararle en estado de opresión, habla constantemente a sus pueblos y a los extraños en muy contrario sentido. Es preciso descender a distinciones muy difíciles, porque el estado de libertad del rey Fernando fue por ejemplo, muy diferente desde el 11 de junio o 20 de marzo de 1820, o aun el 7 de julio de 1822, de lo que hasta entonces había sido desde 1820. No hago más que apuntar estas especies, porque se agolpan las reflexiones, y cualquiera puede hacerlas por sí. Los que más predican la doctrina de la obediencia pasiva, cuando llegan a tocar estos puntos se dejan llevar de su celo y se convierten en apóstoles de la insurrección, sin advertir que dejando a los vasallos el arbitrio de juzgar si los príncipes obran o no con verdadera y absoluta libertad, les ponen en las manos una arma, de que harán más malos usos que buenos. Las revoluciones se vencen y se anonadan por medio de la justicia y la prudencia de los gobiernos de derecho o legítimos; la violencia y la arbitrariedad lejos de cegar la sima de las revoluciones, no hacen más que ensancharla. Enhorabuena, que para evitar recuerdos y ejemplares ominosos, sea el nuevo sello de la autoridad real el que de valor a los contratos hechos en los años anteriores según estime justo la prudencia, disposición que debe ampliarse con discernimiento a todas las medidas tomadas en aquella época que puedan contribuir realmente a la utilidad general, como se ha hecho ya en algunos puntos diplomáticos; por cuyo medio se consigue echar sobre la revolución lo que ciertas cosas puedan tener de odioso, y el gobierno legítimo recoge lo que tienen de útil y provechoso para todos. Esta es una nueva prueba de la necesidad de conciliar los ánimos en España, de discutir solemnemente tan grandes intereses; y en señal de que el sistema representativo es el único capaz de minorar sus males, no hay más que observar que cualquier ramo del estado que se considere, siempre nos hace venir a parar a aquel punto céntrico, sin el cual nada puede adelantarse. Y una demostración que por lo mismo podría llamarse analítica y sintética, ¡habrá de perderse para la infeliz España, que en su triste silencio está excitando la compasión de todos los hombres y de todos los gobiernos!!!

Conclusión

Me he extendido insensiblemente más de lo que me había propuesto, porque cuando se tocan materias de tanto interés y trascendencia, es imposible detener la pluma. Si a veces me he separado algún tanto del objeto principal de este escrito, ha sido para volver a él con mayor fuerza de datos y razones, y porque quiero hacer conocer bien lo pasado y lo presente, a fin de poder conjeturar lo venidero: todo lo que sea en beneficio de la España interesa a su rey más que a ningún otro individuo, y la historia de Fernando que hoy queda cortada y oculta en la noche misteriosa del porvenir, quisiera yo que por un conjunto feliz de circunstancias consolatorias tuviese una continuación tan próspera y brillante, que mereciese la pluma de Tácito para escribirla. No he disimulado los males de la nación española, pero tampoco los he recargado; lejos de ello, solamente he señalado aquellos que me han parecido precisos para dar idea exacta de su extensión, y fundar el sistema único que en mi concepto puede irlos desvaneciendo. Creen algunos que el amor de la patria se cifra en no hablar ni permitir que se hable de ella sino con encomios; pero yo pienso que el verdadero amor consiste en hacerle todo el bien posible, y mal podrían curarse las enfermedades si a los médicos se les ocultase su origen y progresos para la aplicación de los remedios oportunos.

He recorrido rápidamente las principales épocas de la vida política del rey Fernando: he puesto en claro la conducta que en ellas ha seguido, y he hecho una pintura fiel de su carácter y cualidades, sin exagerar las buenas, ni ocultar las que podrían perfeccionarse. Me he acordado sin embargo de que a las veces es más difícil e importante saber callar que saber hablar; y al decir las verdades he procurado hacerlo de modo que atraigan y no exasperen, único medio de que produzcan efecto: nunca habría tomado la pluma ni hecho sudar la prensa si no me hubiese animado la esperanza de conseguir tarde o temprano este fin, porque entre la multitud de libros buenos y malos que han inundado el mundo, debe reputarse por una verdadera calamidad la aparición de otro nuevo, si no presenta utilidad ni objeto.

Pero la desventajosa posición del rey Fernando resalta a primera vista: rodeado de volcanes, falto de fuerzas y exhausto de recursos, no puede ofrecer en las épocas sucesivas de su reinado sino escenas más fuertes todavía que las anteriores a menos que se le abra un nuevo camino que seguir con seguridad y confianza. Los ingresos del erario apenas bastan para cubrir la mitad de sus atenciones, los subsidios del clero con que antes se contaba en los casos apurados, son casi nulos en el día, porque, los fondos existentes se han gastado, y los diezmos se cobran con mucha dificultad; el crédito del estado está aniquilado, y los ánimos en fin se bailan divididos. En tan deplorable situación es imposible dar un paso sin tropezar, y está muy en el orden que el brazo mismo que ha libertado al rey Fernando de la cautividad en que yacía, le ayude a salir de la nueva opresión en que hoy le constituye la falta de recursos imposibilitándole de emprender cosa alguna, y aun de ejercer su autoridad, porque sobre los hombros de un rey viene a gravitar la suma de los males públicos. Para buscar su remedio, he procurado demostrar que un buen sistema de gobierno es el único que poco a poco puede ir mejorando el aspecto de las cosas; y que si un régimen representativo es el más perfecto, equitativo y estable que la prudencia humana ha llegado a combinar para el mantenimiento de las naciones, ninguna más necesitada de él que la española, y ningún otro sistema aplicable a ella sino aquél. Me he esforzado a inspirar confianza a los que temen que un buen gobierno representativo ha de producir la anarquía, porque en efecto nada se parece menos a un sistema desorganizador y mal combinado, que otro tutelar y bien entendido, pues distan tanto entre sí como el mal del bien.

Que el régimen representativo sea el único conveniente e indispensable a la nación española para sostener su gobierno monárquico, creo haber alcanzado a demostrarlo completamente: que el rey Fernando tenga igual interés, y el compromiso además, de sus ofertas solemnes del 4 de mayo de 1814; que el decoro, utilidad y tranquilidad del gobierno francés estén en el mismo sentido, son consecuencias de aquella demostración. El absolutismo no puede subsistir en España a menos que alguna potencia se tome el trabajo de mantener de su cuenta un ejército perenne de ocupación, y de enviar además 600 millones de reales anuales por espacio de quince años para cubrir el déficit de tesorería general. Por manera que está tan indicado el gobierno templado, que es hasta absurdo tratar de sostener otro. En España son desgraciadamente poco abundantes los hombres que pueden remontarse a tal altura, que dominen el conjunto de los negocios, y tiendan la vista por encima de las pasioncillas mezquinas e intereses del momento: todo se vuelve proyectar nuevos ministerios, disgustarse muy pronto de ellos, y apetecer otros, sin llegar a concebir que el mal no está tanto en los hombres como en las cosas. Los sujetos reflexivos y moderados de todos los partidos convienen en la reunión de las Cortes como antiguamente se hacía, y establecimiento de un sistema positivamente templado; porque así como en la cadena general los extremos se tocan, también los medios propenden generalmente a reunirse, especialmente cuando presienten algún peligro. Y la plantificación de un gobierno templado en España es tan urgente, que de no verificarse pronto pueden seguirse funestas consecuencias: la imposibilidad de continuar como en el día, la tocan todos, y este convencimiento tiene preparados los ánimos para cualesquiera novedades, siempre que sean razonables y adecuadas. Algunos gritos lanzarán todavía unos cuanto exaltados absolutistas, incapaces de comparar los sistemas de gobierno, pero el desprecio los hará callar muy pronto; y si quisiera aguardarse a que la totalidad de la nación clamase a una voz por un gobierno representativo, es fácil conocer que se había pasado la sazón, porque nadie pide aquello que puede tomarse por sí con aumentos.

Los extranjeros se han acostumbrado generalmente a mirar las cosas de España con cierto aire de novelería, por manera que aun los que han viajado por el país, como venían preocupados, han querido con una ojeada superficial penetrar el carácter y situación de los habitantes, pintándolos poco más o menos como eran en los siglos XVI y XVII; y esta misma inexactitud han usado en cuanto a sus costumbres, opiniones y gobierno. El levantamiento de algunas partidas armadas en defensa de la religión y el rey en los años anteriores, dio margen para acalorar la imaginación poética de algunos escritores, que los retrataron con colores bien diferentes de los que tenían en realidad, y lo mismo sucedió respectivamente por la parte contraria. Los escritos dictados por el espíritu de partido no eran seguramente propios para rectificar el concepto equivocado que se tenía de los españoles, y solamente después de la entrada de las tropas francesas, es cuando las cosas han podido ser miradas con detención y examinadas con escrupulosidad. El serenísimo señor duque de Angulema, el señor de Martignac, el general Pozzo di Borgo, los mariscales y generales franceses que han visto por sus ojos el verdadero estado y necesidades de la España, no podrán menos de haber contribuido con sus relaciones a fijar la opinión que debe formarse de este país. Acaso las indicaciones sencillas y verídicas que yo hago en el curso de mi escrito puedan contribuir en algo al mismo objeto; con tanta mayor oportunidad, cuanto que algunos periodistas extranjeros, sin conocer todavía la situación de los asuntos de la península, se ponen a hablar de ella como podrían hacerlo de su propio país, y extravían en diferentes sentidos la opinión pública, por no tener presente que la España no se parece a ninguna otra nación, formando por lo mismo una excepción solemne a casi todas las reglas.[39]

---

39 Escrito esto, ha llegado a mis manos un impreso titulado *De l'État actuel de l'Espagne et de ses colonies, consideré sous le rapport des interêts politiques et commerciaux de la France*, etc.; a cuyo autor cuadran exactamente las observaciones que acabo de hacer, por la falta de datos con que se produce. Según se infiere de su contexto el gabinete británico y el ruso se disputan la influencia sobre el gobierno francés: el autor parece acérrimo partidario del último, y al verle combatir furiosamente al presidente del consejo de ministros, y elogiar a un sujeto que podría serlo, se convence uno de que el espíritu de partido es el que le ha llevado la pluma. La guerra es contra el ministerio de Francia, y el campo de batalla se ha escogido en España. Por lo demás, los documentos que publica el autor son viejos y conocidos hace un año por haberlos publicado los periodistas; sus miras políticas tampoco ofrecen novedad, y su objeto aparente se reduce a conseguir el doble triunfo de echar abajo al presidente del consejo de los ministros de Francia, y consolidar el absolutismo en España.

No habría hecho mención de este papel, sino fuera porque su tendencia es a mantener en la ilusión a la Europa y causar la total ruina de la España, a pesar de las buenas intenciones que supongo acompañarán a su autor. Muy fácil me sería manifestar circunstanciadamente y probar hasta la evidencia las inexactitudes que encierra respecto de hechos que cita ocurridos en España; pero porque ya me he extendido demasiado, me contentaré con hacer indicaciones, que para los que conozcan realmente el estado de la península serán demostraciones y axiomas.

Por descontado es inexacto que la guarnición constitucional de Madrid degollase el número de trescientos a cuatrocientos habitantes de la capital, y aún más, que el motivo fuese por gritar ¡viva el ejército francés! pues debía saber el autor que lejos de aludir a las tropas francesas que aún estaban distantes, se dirigían las demostraciones no solo de palabra sino también de obra a un jefe de guerrillas realistas españolas, que contra toda razón y en desprecio de una capitulación formalizada entre el jefe del estado mayor del ejército francés y el comandante de la guarnición para el relevo y ocupación tranquila de Madrid, quiso anticiparse a introducir en ella el desorden. También carece de todo fundamento el decir en el mes de marzo en que parece se escribió el papel «que en varias partes de la península hay cuadrillas armadas que exigen contribuciones, entregándose a las mayores violencias contra los empleados nombrados por el rey, y que se oyen continuamente gritos sediciosos»... Desde el 1.º de octubre que el rey Fernando salió en libertad, los excesos y desordenes que ha habido en la península han sido causados por los absolutistas.

Dice el autor que si el gobierno francés hubiese concedido al barón de Eroles las armas y municiones que pedía y la décima parte de los caudales que después costó la expedición de España, se habría adelantado mucho para el restablecimiento del orden. ¡Que error tan funesto! El que conozca a los españoles, sabrá que la guerra civil habría sido entre ellos interminable: las convulsiones habrían sido de día en día más fuertes, la familia real habría perecido probablemente en una de ellas, y la nación se habría convertido en un hacinamiento de escombros. Las tropas constitucionales tenían a menos ceder a las cuadrillas realistas, y si el ejército francés fue recibido casi sin resistencia, fue porque se creyó que venía en calidad de mediador. Es muy fácil formar planes después de pasados los sucesos. Así es que el autor se admira de que se hayan hecho transacciones o capitulaciones particulares con los cuerpos de tropas españolas: pero si considerase que el ejército constitucional de línea no bajaba de 100 mil hombres sin contar las milicias locales, apoderado de las plazas fuertes, y con muchos regimientos que en nada cedían seguramente a los franceses sino en disciplina y entusiasmo, no extrañaría que lejos de exasperarlos, si les hubiese facilitado el dejar las armas, para ir los franceses atendiendo a otros puntos. También se admira de que mientras duraron las negociaciones para modificar en España la constitución, se manifestó tímido el gabinete francés, y que solo desplegó energía cuando mandó avanzar a las tropas: pero esta conducta se explica sencillamente, y solo da indicios de mucha prudencia. Si el autor hubiese estado entre las filas francesas antes del 7 de abril, acaso habría conocido que el camino de España no se presentaba cubierto de flores; pero los atentados cometidos en Madrid el 19 de febrero y el 13 y 20 de marzo y la evidencia de que los jacobinos no escucharían jamás la razón, produjeron el doble efecto de irritar totalmente contra ellos los ánimos de los peninsulares, y comprometer al gobierno francés a cerrar los ojos y marchar de frente. Esto fue lo que pasó entonces, y lejos de ser un motivo de recriminación para el gabinete francés, forma realmente su elogio.

Pero contrayéndome más particularmente a la España, observo que el autor después de recorrer la historia del siglo pasado para hacer ver que está interesadísima la Francia en conservar el pacto de familia por lo mismo que la Inglaterra ha pugnado siempre por destruirlo, viene a parar en que debe ayudar a la España hasta con dinero por gratitud a su antigua alianza. Nada más conveniente y agradable para los españoles, pero supuesto que en política el interés y la utilidad son siempre los que deciden, dígase así francamente y no se quiera dar a las cosas un colorido caballeresco, que contribuye a desfigurarlas cada vez más, y conduce a resultados quiméricos. La España está ligada a la Francia hace ciento veinte años, no tanto por el pacto de familia cuanto porque lo ha juzgado conveniente a oua intereses, como sucede con Portugal respecto de Inglaterra; y es tan cierto esto, que después de destruido aquel pacto, continuó la España por doce años en su alianza auxiliando a la Francia cuando estaba sentado un usurpador en el trono de las lises. Digo esto porque sé que no empeora ni mejora la causa de España, y para hacer ver que el autor usa poca precisión en sus expresiones: así es también como considera personificadas la fidelidad y la fe en los que hoy triunfan en España y se reparten los empleos, y a todos los demás los designa con el nombre odioso de revolucionarios. Cuán injusto, inexacto y hasta ridículo sea este lenguaje, creo haberlo demostrado en el curso de este escrito: harto claro ha hecho ver la experiencia a estas horas, que muchos de los que se titulaban exclusivos partidarios del rey Fernando, no quieren ni al rey ni a Fernando.

Pero veamos los auxilios que propone para la España: dice que después que el rey salió de Cádiz, debieron adelantársele diez o doce millones de francos, y que en el día debiera la Francia cubrir con su garantía un empréstito de 100 millones. Lo que más prueba el atraso de noticias del autor respecto de la España, es el que crea que semejantes cantidades pueden sacarla de apuros. El empréstito ya parece estar realizado en parte aunque sin la garantía tan directa como pretende del gobierno francés: pero si se deduce la parte que ha de destinarse a las expediciones de ultramar, y lo que siempre tienen de merma semejantes préstamos, tendremos que el remanente, aun cuando se hubiese llenado, apenas bastaría para cubrir las más precisas atenciones del momento, quedando desatendidas y recargadas para lo sucesivo. Para llevar adelante los planes del autor, era preciso que la Francia nos enviase todos los años (según indiqué en otro lugar) ciento 25 o 150 millones de francos a cobrar *ad calendas græcas*, para cubrir el déficit de las rentas del estado.

En cuanto a las Américas, propone una expedición en que la Francia deberá auxiliar con buques: nada más útil para los españoles, pero viene muy fuera de propósito la cita de la cesión de la escuadra rusa hecha hace seis años, pues por efecto de manejos subalternos, desaprobados sin duda por los respectivos soberanos, ni hubo cesión ni escuadra. La cuestión de las colonias españolas es muy complicada, y lo será más de día en día con consecuencias ruidosas: entre otras consideraciones debe tenerse presente que no todos los caudillos de las tropas españolas es probable que se sometan con gusto a un gobierno absoluto y arbitrario; por donde si un sistema templado es indispensable para arreglar las cosas de la península, no lo es menos para servir de base a las de ultramar. Pero aun suponiendo gratuitamente que la metrópoli consiguiese reducir todas sus colonias, forzosamente habrán de pasar muchos y muchos años antes que puedan serle productivas, por cuya razón evidente debe ceñirse y esmerarse en componer y redondear sus asuntos internos sin contar con auxilios exteriores.

Reasumida la parte política del papel que voy examinando, se reduce a que la Francia debe seguir las máximas de Luis XIV respecto de la España y llevar adelante el pacto de familia, porque así conviene a sus intereses: pero para eso es preciso que la España sea lo que antes era, porque cuando una nación ha llegado a un estado negativo, trae más cuenta su enemistad que su alianza. El autor ha dicho en este punto quizá más de lo que era menester, pues ha manifestado que el interés de la Francia consistía en que la España

Temo no haber acertado a tratar como merece su importancia e interés la materia que me propuse; pero me daría por satisfecho si hubiese podido penetrar a los lectores de la pureza de los sentimientos que me animan.

---

volviese a recibir la plata de sus colonias y la hiciese pasar enseguida por los pirineos, lo cual equivale a apetecer en la península un gobierno ciego y una paralización completa de su industria. Pero si estas fuesen las miras de la Francia, es claro que para ella venían a ser las minas de México y el Perú; y como semejantes ventajas exclusivas no podrían acomodar a otras potencias, se opondrían seguramente a ellas. Y por cierto que nada conviene con el tono caballeresco semejante modo de ver y anunciar las cosas. Es preciso contraer la cuestión en vez de divagar: habiéndole faltado a la España la plata con que comerciaba, y no pudiendo la América, suceda lo que suceda, volver en muchísimo tiempo a prodigarle sus tesoros, las ventajas que la Francia u otra nación puedan sacar de su alianza, han de nacer del desarrollo de su propia industria y progreso de su prosperidad. Pero esto depende de su gobierno, y no es el absoluto el que puede hacerlo sino el templado, no el terrorismo, sino la bien entendida libertad.

Concluyendo el examen del papel, diré que ignoro el tono en que el gobierno francés ha hablado al español y de que el autor forma queja; pero en general observaré que se suele alzar la voz siempre que se trata con sordos, y no hay peor sordo que el que no quiere oír, como dice el adagio castellano. En cuanto a la conducta política del señor presidente del Consejo de ministros de Francia respecto de España, no puedo formar juicio, porque me son tan desconocidos los resortes del gabinete de París, como conocidos los del de Madrid. Pero siempre será repugnante la suposición de que no haya tenido acierto en las casas de España un ministerio que lo ha tenido tan en alto grado en las de Francia, elevando de un modo asombroso su gloria, su poder, su crédito y su prosperidad. Y últimamente si su tendencia ha sido, según indica el autor del papel, a moderar el absolutismo en España, y a procurar medidas conciliatorias, tan necesarias como decorosas al gobierno español; en el curso de este escrito encontrará formada su apología, porque éste es el único sistema que. puede terminar las revoluciones. La mayoría de los españoles, y los hombres pensadores de todos los países, lejos de acriminarlo por tan noble comportamiento, se impacientarán más bien de no ver su influjo más marcado y positivo sobre el gabinete español, para dar actividad a las disposiciones benéficas sobre que deben afianzarse el brillo del trono y el bienestar de los pueblos. Éste es y no otro el papel que debe hacer el gobierno francés, éstos son los buenos oficios que una excesiva delicadeza le ha hecho acaso retardar demasiado, y éste, el único medio de conseguir el bien de la humanidad, el triunfo de los bien entendidos principios monárquicos y la tranquilidad de la Europa, sin hacer caso de los que quisieran sembrar el absolutismo en España para cogerlo luego en Francia, siendo así que ni en un país ni en otro puede consolidarse aunque por efecto de circunstancias diferentes.

Alguna precipitación y falta de método podrá notarse en cuanto al modo de colocar ciertas partes del escrito, pero estos inconvenientes parecen irremediables en una obra de circunstancias, que necesita escribirse con prontitud para que llegue oportunamente su publicación, y especialmente si es de tal naturaleza como la presente, que no pueda consultarse, ni sujetarse a la lima y censura de personas ilustradas. No tengo la presunción de escribir para la posteridad, non ea vis animo; pero si en el corto periodo de vida que tenga este papel pudiese convencer a los hombres de buena fe (únicos a quienes me dirijo) del ningún fundamento de las calumnias derramadas tan a manos llenas sobre la conducta política del rey Fernando, y de la necesidad de auxiliarle por medio de instituciones acomodadas para que pueda llegar tranquila y felizmente al término de su carrera, habré conseguido él principal fin de mi trabajo, porque habré hecho o cooperado a hacer un beneficio a mi país. Si a pesar de las mejores intenciones hubiese padecido alguna equivocación en mi modo de ver las cosas y presagiarlas, tendré la más completa satisfacción en que así se demuestre al público con razones, no con palabras vacías, pues sería mi mayor tormento haber hecho un mal creyendo hacer un bien. Lo que si repetiré, es, que muchas personas sensatas e ilustradas de quienes tengo noticia, opinan sobre los asuntos de España del mismo modo que yo poco más o menos, y añadiré que las opiniones enunciadas en este papel son las de un hombre que en 1820 vio con gusto la aceptación de la constitución por el rey Fernando, creyendo que este camino podría conducir a curar los males del estado; que cuando empezó a observar las imperfecciones de aquella constitución y los abusos a que daba lugar, opinó pública y constantemente que debía modificarse y reformarse; y que en el día piensa que el gobierno de España debe también modificarse por medio de instituciones bien calculadas, porque habiendo presenciado como frío observador todas las crisis políticas y previsto sus resultados, creyó y cree firmemente que ni el gobierno de 1819, ni el de 1822, ni el actual podían ni pueden sostenerse.

La felicidad del rey y la nación han sido y son el objeto constante de mis deseos, porque es imposible separar una cosa de otra. Para ser un buen rey y merecer bien de la posteridad, no hay más que un camino; para ser malo hay muchos: pero es tan precaria en estos últimos tiempos la situación de los gobiernos, que cualquiera defecto u abuso viene a recaer al momento sobre el mismo trono; nunca ha sido tan difícil reinar como en el día. En lo antiguo las guerras civiles solían reducirse a sostener el partido de un rey contra otro, es decir, a cambiar de dueño pero no de condición: ahora todos proclaman al rey legítimo, pero unos lo quieren con más poder y otros con menos, formando verdaderas guerras de opinión.[40] Los célebres consejos que dejó el rey de Castilla Enrique II a su hijo después de una guerra civil a que el mismo debía la corona, son los que deben seguir los soberanos en circunstancias semejantes, teniendo presente la diferencia de tiempos y opiniones: pero sobre todo, el gran modelo para la pacificación de los pueblos y terminación de las revoluciones, es el sabio Luis XVIII, cuyo elogio es más fácil dé concebir que de expresar. Este es el camino indicado para el rey Fernando; mas para que pueda seguirlo en el estado actual de cosas, necesita de la cooperación y auxilio moral de sus aliados. En un tiempo en que todos piensan y discurren sobre sus intereses, no hay medio de cimentar el trono sino sobre la concordia y reunión de los ánimos, y esto solo puede lograrse con un gobierno tutelar, y paternal. La tendencia general de la Europa es hacia el mismo punto, y si las intentonas de los revolucionarios no hubiesen venido a perturbar su marcha, los monarcas habrían continuado adoptando según el estado y necesidades de sus pueblos, sistemas templados de gobierno, en que cerrando la puerta a la arbitrariedad, y oponiendo un muro invencible a la anarquía, pudiesen redundar en beneficio común los esfuerzos de todos y cada uno de los individuos. Por fortuna la paz, el bienestar y la libertad que en nuestra época disfruten los pueblos, podrán ser completas y llenar todos sus deseos: hace media centuria que en los países más libres

---

40   Es un error clásico el creer que los que gritan ¡viva el rey absoluto! son más apasionados y adictos a la Real persona, que los que callan: los vivas no siempre deben tomarse por moneda corriente, pues no hay cosa que más fácilmente mude de valor, y así es que en todas las aclamaciones ya se sabe que se ha de buscar el fin a que se dirigen más bien que el sonido de las palabras, más lo que quieren decir, que lo que dicen. El absolutista puede realmente querer a su rey y lo mismo el constitucional moderado; pero la diferencia está en que el primero por desear que tenga demasiado poder lo acerca a su ruina, y el segundo procurando que su autoridad sea templada la hace más segura y duradera; aquel mira por sus intereses particulares, y este atiende al bien general y la verdadera felicidad del mismo Soberano.

se apetecía aún más libertad, porque seducidas las imaginaciones con los rasgos fuertes de las repúblicas antiguas, todos veían sus ventajas sin acordarse ni remotamente de sus defectos. Hoy que hemos visto y tocado los excesos que el abuso de la libertad ha traído y debe traer siempre consigo, los pueblos colocados en la feliz medianía de un gobierno templado sabrán apreciar el bien que poseen, y conocerán que el grande interés de todos consiste en su conservación, pues a uno y otro lado hay escollos capaces de destruir el estado. Ésta es la verdadera y más digna mansión del hombre sobre la tierra, éste el círculo dentro del cual ha de perfeccionarse el orden social, y éste el constante objeto de los votos del que pueda llamarse amante de la humanidad.

FIN

Libros a la carta

A la carta es un servicio especializado para

empresas,

librerías,

bibliotecas,

editoriales

y centros de enseñanza;

y permite confeccionar libros que, por su formato y concepción, sirven a los propósitos más específicos de estas instituciones.

Las empresas nos encargan ediciones personalizadas para marketing editorial o para regalos institucionales. Y los interesados solicitan, a título personal, ediciones antiguas, o no disponibles en el mercado; y las acompañan con notas y comentarios críticos.

Las ediciones tienen como apoyo un libro de estilo con todo tipo de referencias sobre los criterios de tratamiento tipográfico aplicados a nuestros libros que puede ser consultado en Linkgua-ediciones.com.

Linkgua edita por encargo diferentes versiones de una misma obra con distintos tratamientos ortotipográficos (actualizaciones de carácter divulgativo de un clásico, o versiones estrictamente fieles a la edición original de referencia).

Este servicio de ediciones a la carta le permitirá, si usted se dedica a la enseñanza, tener una forma de hacer pública su interpretación de un texto y, sobre una versión digitalizada «base», usted podrá introducir interpretaciones del texto fuente. Es un tópico que los profesores denuncien en clase los desmanes de una edición, o vayan comentando errores de interpretación de un texto y esta es una solución útil a esa necesidad del mundo académico.

Asimismo publicamos de manera sistemática, en un mismo catálogo, tesis doctorales y actas de congresos académicos, que son distribuidas a través de nuestra Web.

El servicio de «libros a la carta» funciona de dos formas.

1. Tenemos un fondo de libros digitalizados que usted puede personalizar en tiradas de al menos cinco ejemplares. Estas personalizaciones pueden ser de todo tipo: añadir notas de clase para uso de un grupo de estudiantes,

introducir logos corporativos para uso con fines de marketing empresarial, etc. etc.

2. Buscamos libros descatalogados de otras editoriales y los reeditamos en tiradas cortas a petición de un cliente.